Mein Ernährungstagebuch
Lecker und gesund durchs ganze Jahr!

Impressum:
1. Auflage, 07. 2017
© 2017 way2 Verlag
Design und Redaktion: Noëmi Caruso
5107 Schinznach Dorf, Schweiz
ISBN: 9783740731274

Bibliografische Information der Deutschen Nationalbibliothek: Die Deutsche Nationalbibliothek verzeichnet diese Publikation in der Deutschen Nationalbibliografie; detaillierte bibliografische Daten sind im Internet über dnb.d-nb.de abrufbar

TWENTYSIX – der Self-Publishing Verlag
Eine Kooperation zwischen der Verlagsgruppe Random House GmbH und der
Books on Demand GmbH

Herstellung und Verlag:
BoD – Books on Demand, Norderstedt

Datum: _____   Wochentag: _____

Frühstück: Mittagessen:

_____ _____
_____ _____
_____ _____
_____ _____
_____ _____
_____ _____
_____ _____
_____ _____
_____ _____
_____ _____

Gesamt: _____ kcal   Gesamt: _____ kcal

Abendessen: Snacks / Zwischenmahlzeiten:

_____ _____
_____ _____
_____ _____
_____ _____
_____ _____
_____ _____
_____ _____
_____ _____
_____ _____
_____ _____

Gesamt: _____ kcal   Gesamt: _____ kcal

Tagesziel: _____   Tagessumme: _____

Datum: _____   Wochentag: _____

Frühstück: Mittagessen:

_____   _____
_____   _____
_____   _____
_____   _____
_____   _____
_____   _____
_____   _____
_____   _____
_____   _____
_____   _____

Gesamt: _____ kcal Gesamt: _____ kcal

Abendessen: Snacks / Zwischenmahlzeiten:

_____   _____
_____   _____
_____   _____
_____   _____
_____   _____
_____   _____
_____   _____
_____   _____
_____   _____
_____   _____

Gesamt: _____ kcal Gesamt: _____ kcal

Tagesziel: _____ Tagessumme: _____

Datum: _____   Wochentag: _____

Frühstück: Mittagessen:

_____   _____
_____   _____
_____   _____
_____   _____
_____   _____
_____   _____
_____   _____
_____   _____
_____   _____

Gesamt: _____ kcal   Gesamt: _____ kcal

Abendessen: Snacks / Zwischenmahlzeiten:

_____   _____
_____   _____
_____   _____
_____   _____
_____   _____
_____   _____
_____   _____
_____   _____
_____   _____

Gesamt: _____ kcal   Gesamt: _____ kcal

Tagesziel: _____ Tagessumme: _____

Datum: _____   Wochentag: _____

Frühstück: Mittagessen:

_____   _____
_____   _____
_____   _____
_____   _____
_____   _____
_____   _____
_____   _____
_____   _____
_____   _____
_____   _____

Gesamt: _____ kcal   Gesamt: _____ kcal

Abendessen: Snacks / Zwischenmahlzeiten:

_____   _____
_____   _____
_____   _____
_____   _____
_____   _____
_____   _____
_____   _____
_____   _____
_____   _____
_____   _____

Gesamt: _____ kcal   Gesamt: _____ kcal

Tagesziel: _____ Tagessumme: _____

Datum: _____   Wochentag: _____

Frühstück: Mittagessen:

_____   _____
_____   _____
_____   _____
_____   _____
_____   _____
_____   _____
_____   _____
_____   _____
_____   _____
_____   _____

Gesamt: _____ kcal Gesamt: _____ kcal

Abendessen: Snacks / Zwischenmahlzeiten:

_____   _____
_____   _____
_____   _____
_____   _____
_____   _____
_____   _____
_____   _____
_____   _____
_____   _____
_____   _____

Gesamt: _____ kcal Gesamt: _____ kcal

Tagesziel: _____   Tagessumme: _____

Datum: _____   Wochentag: _____

Frühstück: Mittagessen:

_____ _____
_____ _____
_____ _____
_____ _____
_____ _____
_____ _____
_____ _____
_____ _____
_____ _____

Gesamt: _____ kcal **Gesamt:** _____ kcal

Abendessen: Snacks / Zwischenmahlzeiten:

_____ _____
_____ _____
_____ _____
_____ _____
_____ _____
_____ _____
_____ _____
_____ _____
_____ _____

Gesamt: _____ kcal **Gesamt:** _____ kcal

Tagesziel: _____   Tagessumme: _____

Datum: _____   Wochentag: _____

Frühstück: Mittagessen:

_____   _____
_____   _____
_____   _____
_____   _____
_____   _____
_____   _____
_____   _____
_____   _____
_____   _____

Gesamt: _____ kcal   Gesamt: _____ kcal

Abendessen: Snacks / Zwischenmahlzeiten:

_____   _____
_____   _____
_____   _____
_____   _____
_____   _____
_____   _____
_____   _____
_____   _____
_____   _____

Gesamt: _____ kcal   Gesamt: _____ kcal

Tagesziel: _____   Tagessumme: _____

Datum: _____   Wochentag: _____

Frühstück: Mittagessen:

_____   _____
_____   _____
_____   _____
_____   _____
_____   _____
_____   _____
_____   _____
_____   _____
_____   _____
_____   _____

Gesamt: _____ **kcal**   **Gesamt:** _____ **kcal**

Abendessen: Snacks / Zwischenmahlzeiten:

_____   _____
_____   _____
_____   _____
_____   _____
_____   _____
_____   _____
_____   _____
_____   _____
_____   _____
_____   _____

Gesamt: _____ **kcal**   **Gesamt:** _____ **kcal**

Tagesziel: _____   Tagessumme: _____

Datum: _____   Wochentag: _____

Frühstück: Mittagessen:

_____   _____
_____   _____
_____   _____
_____   _____
_____   _____
_____   _____
_____   _____
_____   _____
_____   _____

Gesamt: _____ kcal   Gesamt: _____ kcal

Abendessen: Snacks / Zwischenmahlzeiten:

_____   _____
_____   _____
_____   _____
_____   _____
_____   _____
_____   _____
_____   _____
_____   _____
_____   _____

Gesamt: _____ kcal   Gesamt: _____ kcal

Tagesziel: _____   Tagessumme: _____

Datum: _____   Wochentag: _____

Frühstück: Mittagessen:

_____   _____
_____   _____
_____   _____
_____   _____
_____   _____
_____   _____
_____   _____
_____   _____
_____   _____

Gesamt: _____ kcal   **Gesamt:** _____ kcal

Abendessen: Snacks / Zwischenmahlzeiten:

_____   _____
_____   _____
_____   _____
_____   _____
_____   _____
_____   _____
_____   _____
_____   _____
_____   _____

Gesamt: _____ kcal   **Gesamt:** _____ kcal

Tagesziel: _____   Tagessumme: _____

Datum: _____ Wochentag: _____

Frühstück: Mittagessen:

_____ _____
_____ _____
_____ _____
_____ _____
_____ _____
_____ _____
_____ _____
_____ _____
_____ _____

Gesamt: _____ kcal Gesamt: _____ kcal

Abendessen: Snacks / Zwischenmahlzeiten:

_____ _____
_____ _____
_____ _____
_____ _____
_____ _____
_____ _____
_____ _____
_____ _____
_____ _____

Gesamt: _____ kcal Gesamt: _____ kcal

Tagesziel: _____ Tagessumme: _____

Datum: _____ Wochentag: _____

Frühstück: Mittagessen:

_____ _____
_____ _____
_____ _____
_____ _____
_____ _____
_____ _____
_____ _____
_____ _____

Gesamt: _____ kcal Gesamt: _____ kcal

Abendessen: Snacks / Zwischenmahlzeiten:

_____ _____
_____ _____
_____ _____
_____ _____
_____ _____
_____ _____
_____ _____
_____ _____

Gesamt: _____ kcal Gesamt: _____ kcal

Tagesziel: _____ Tagessumme: _____

Datum: _____   Wochentag: _____

Frühstück: Mittagessen:

_____   _____
_____   _____
_____   _____
_____   _____
_____   _____
_____   _____
_____   _____
_____   _____
_____   _____

Gesamt: _____ kcal   Gesamt: _____ kcal

Abendessen: Snacks / Zwischenmahlzeiten:

_____   _____
_____   _____
_____   _____
_____   _____
_____   _____
_____   _____
_____   _____
_____   _____
_____   _____

Gesamt: _____ kcal   Gesamt: _____ kcal

Tagesziel: _____ Tagessumme: _____

Datum: _____   Wochentag: _____

Frühstück: Mittagessen:

_____   _____
_____   _____
_____   _____
_____   _____
_____   _____
_____   _____
_____   _____
_____   _____

Gesamt: _____ **kcal**   **Gesamt:** _____ **kcal**

Abendessen: Snacks / Zwischenmahlzeiten:

_____   _____
_____   _____
_____   _____
_____   _____
_____   _____
_____   _____
_____   _____
_____   _____

Gesamt: _____ **kcal**   **Gesamt:** _____ **kcal**

Tagesziel: _____   Tagessumme: _____

Datum: _____   Wochentag: _____

Frühstück: Mittagessen:

_____   _____
_____   _____
_____   _____
_____   _____
_____   _____
_____   _____
_____   _____
_____   _____
_____   _____

Gesamt: _____ kcal   Gesamt: _____ kcal

Abendessen: Snacks / Zwischenmahlzeiten:

_____   _____
_____   _____
_____   _____
_____   _____
_____   _____
_____   _____
_____   _____
_____   _____
_____   _____

Gesamt: _____ kcal   Gesamt: _____ kcal

Tagesziel: _____   Tagessumme: _____

Datum: _____ Wochentag: _____

Frühstück: Mittagessen:

_____ _____
_____ _____
_____ _____
_____ _____
_____ _____
_____ _____
_____ _____
_____ _____
_____ _____

Gesamt: _____ kcal Gesamt: _____ kcal

Abendessen: Snacks / Zwischenmahlzeiten:

_____ _____
_____ _____
_____ _____
_____ _____
_____ _____
_____ _____
_____ _____
_____ _____
_____ _____

Gesamt: _____ kcal Gesamt: _____ kcal

Tagesziel: _____ Tagessumme: _____

Datum: _____   Wochentag: _____

Frühstück: Mittagessen:

_____   _____
_____   _____
_____   _____
_____   _____
_____   _____
_____   _____
_____   _____
_____   _____
_____   _____

Gesamt: _____ kcal   Gesamt: _____ kcal

Abendessen: Snacks / Zwischenmahlzeiten:

_____   _____
_____   _____
_____   _____
_____   _____
_____   _____
_____   _____
_____   _____
_____   _____
_____   _____

Gesamt: _____ kcal   Gesamt: _____ kcal

Tagesziel: _____   Tagessumme: _____

Datum: _____   Wochentag: _____

Frühstück: Mittagessen:

_____   _____
_____   _____
_____   _____
_____   _____
_____   _____
_____   _____
_____   _____
_____   _____
_____   _____

Gesamt: _____ kcal   Gesamt: _____ kcal

Abendessen: Snacks / Zwischenmahlzeiten:

_____   _____
_____   _____
_____   _____
_____   _____
_____   _____
_____   _____
_____   _____
_____   _____
_____   _____

Gesamt: _____ kcal   Gesamt: _____ kcal

Tagesziel: _____   Tagessumme: _____

Datum: _____   Wochentag: _____

Frühstück: Mittagessen:

_____   _____
_____   _____
_____   _____
_____   _____
_____   _____
_____   _____
_____   _____
_____   _____
_____   _____
_____   _____
_____   _____

Gesamt: _____ kcal   Gesamt: _____ kcal

Abendessen: Snacks / Zwischenmahlzeiten:

_____   _____
_____   _____
_____   _____
_____   _____
_____   _____
_____   _____
_____   _____
_____   _____
_____   _____
_____   _____
_____   _____

Gesamt: _____ kcal   Gesamt: _____ kcal

Tagesziel: _____ Tagessumme: _____

Datum: _____   Wochentag: _____

Frühstück: Mittagessen:

_____   _____
_____   _____
_____   _____
_____   _____
_____   _____
_____   _____
_____   _____
_____   _____
_____   _____
_____   _____

Gesamt: _____ kcal   Gesamt: _____ kcal

Abendessen: Snacks / Zwischenmahlzeiten:

_____   _____
_____   _____
_____   _____
_____   _____
_____   _____
_____   _____
_____   _____
_____   _____
_____   _____
_____   _____

Gesamt: _____ kcal   Gesamt: _____ kcal

Tagesziel: _____   Tagessumme: _____

Datum: _____ Wochentag: _____

Frühstück:

_____
_____
_____
_____
_____
_____
_____
_____
_____
_____

Gesamt: _____ kcal

Mittagessen:

_____
_____
_____
_____
_____
_____
_____
_____
_____
_____

Gesamt: _____ kcal

Abendessen:

_____
_____
_____
_____
_____
_____
_____
_____
_____
_____

Gesamt: _____ kcal

Snacks / Zwischenmahlzeiten:

_____
_____
_____
_____
_____
_____
_____
_____
_____
_____

Gesamt: _____ kcal

Tagesziel: _____ Tagessumme: _____

Datum: _____   Wochentag: _____

Frühstück: Mittagessen:

_____   _____
_____   _____
_____   _____
_____   _____
_____   _____
_____   _____
_____   _____
_____   _____
_____   _____

Gesamt: _____ kcal   Gesamt: _____ kcal

Abendessen: Snacks / Zwischenmahlzeiten:

_____   _____
_____   _____
_____   _____
_____   _____
_____   _____
_____   _____
_____   _____
_____   _____
_____   _____

Gesamt: _____ kcal   Gesamt: _____ kcal

Tagesziel: _____ Tagessumme: _____

Datum: _____   Wochentag: _____

Frühstück: Mittagessen:

_____   _____
_____   _____
_____   _____
_____   _____
_____   _____
_____   _____
_____   _____
_____   _____
_____   _____
_____   _____

Gesamt: _____ kcal   Gesamt: _____ kcal

Abendessen: Snacks / Zwischenmahlzeiten:

_____   _____
_____   _____
_____   _____
_____   _____
_____   _____
_____   _____
_____   _____
_____   _____
_____   _____
_____   _____

Gesamt: _____ kcal   Gesamt: _____ kcal

Tagesziel: _____ Tagessumme: _____

Datum: _____   Wochentag: _____

Frühstück: Mittagessen:

_____ _____
_____ _____
_____ _____
_____ _____
_____ _____
_____ _____
_____ _____
_____ _____
_____ _____
_____ _____

Gesamt: _____ kcal   **Gesamt: _____ kcal**

Abendessen: Snacks / Zwischenmahlzeiten:

_____ _____
_____ _____
_____ _____
_____ _____
_____ _____
_____ _____
_____ _____
_____ _____
_____ _____
_____ _____

Gesamt: _____ kcal   **Gesamt: _____ kcal**

Tagesziel: _____   Tagessumme: _____

Datum: _____   Wochentag: _____

Frühstück:

_____
_____
_____
_____
_____
_____
_____
_____
_____
_____

Gesamt: _____ kcal

Mittagessen:

_____
_____
_____
_____
_____
_____
_____
_____
_____
_____

Gesamt: _____ kcal

Abendessen:

_____
_____
_____
_____
_____
_____
_____
_____
_____
_____

Gesamt: _____ kcal

Snacks / Zwischenmahlzeiten:

_____
_____
_____
_____
_____
_____
_____
_____
_____
_____

Gesamt: _____ kcal

Tagesziel: _____   Tagessumme: _____

Datum: _____   Wochentag: _____

Frühstück: Mittagessen:

_____   _____
_____   _____
_____   _____
_____   _____
_____   _____
_____   _____
_____   _____
_____   _____
_____   _____
_____   _____
_____   _____

Gesamt: _____ kcal   Gesamt: _____ kcal

Abendessen: Snacks / Zwischenmahlzeiten:

_____   _____
_____   _____
_____   _____
_____   _____
_____   _____
_____   _____
_____   _____
_____   _____
_____   _____
_____   _____
_____   _____

Gesamt: _____ kcal   Gesamt: _____ kcal

Tagesziel: _____   Tagessumme: _____

Datum: _____   Wochentag: _____

Frühstück: Mittagessen:

_____   _____
_____   _____
_____   _____
_____   _____
_____   _____
_____   _____
_____   _____
_____   _____
_____   _____
_____   _____

Gesamt: _____ kcal   Gesamt: _____ kcal

Abendessen: Snacks / Zwischenmahlzeiten:

_____   _____
_____   _____
_____   _____
_____   _____
_____   _____
_____   _____
_____   _____
_____   _____
_____   _____
_____   _____

Gesamt: _____ kcal   Gesamt: _____ kcal

Tagesziel: _____ Tagessumme: _____

Datum: _____   Wochentag: _____

Frühstück: Mittagessen:

_____   _____
_____   _____
_____   _____
_____   _____
_____   _____
_____   _____
_____   _____
_____   _____

Gesamt: _____ kcal   Gesamt: _____ kcal

Abendessen: Snacks / Zwischenmahlzeiten:

_____   _____
_____   _____
_____   _____
_____   _____
_____   _____
_____   _____
_____   _____
_____   _____

Gesamt: _____ kcal   Gesamt: _____ kcal

Tagesziel: _____   Tagessumme: _____

Datum: _____   Wochentag: _____

Frühstück: Mittagessen:

_____   _____
_____   _____
_____   _____
_____   _____
_____   _____
_____   _____
_____   _____
_____   _____
_____   _____
_____   _____

Gesamt: _____ kcal   Gesamt: _____ kcal

Abendessen: Snacks / Zwischenmahlzeiten:

_____   _____
_____   _____
_____   _____
_____   _____
_____   _____
_____   _____
_____   _____
_____   _____
_____   _____
_____   _____

Gesamt: _____ kcal   Gesamt: _____ kcal

Tagesziel: _____   Tagessumme: _____

Datum: _____   Wochentag: _____

Frühstück: Mittagessen:

_____   _____
_____   _____
_____   _____
_____   _____
_____   _____
_____   _____
_____   _____
_____   _____
_____   _____
_____   _____

Gesamt: _____ kcal Gesamt: _____ kcal

Abendessen: Snacks / Zwischenmahlzeiten:

_____   _____
_____   _____
_____   _____
_____   _____
_____   _____
_____   _____
_____   _____
_____   _____
_____   _____
_____   _____

Gesamt: _____ kcal Gesamt: _____ kcal

Tagesziel: _____ Tagessumme: _____

> Wo Hunger herrscht, kann Friede keinen Bestand haben.
>
> Willy Brandt

Datum: _____   Wochentag: _____

Frühstück: Mittagessen:

_____   _____
_____   _____
_____   _____
_____   _____
_____   _____
_____   _____
_____   _____
_____   _____
_____   _____

Gesamt: _____ kcal   Gesamt: _____ kcal

Abendessen: Snacks / Zwischenmahlzeiten:

_____   _____
_____   _____
_____   _____
_____   _____
_____   _____
_____   _____
_____   _____
_____   _____
_____   _____

Gesamt: _____ kcal   Gesamt: _____ kcal

Tagesziel: _____ Tagessumme: _____

Datum: _____   Wochentag: _____

Frühstück: Mittagessen:

_____   _____
_____   _____
_____   _____
_____   _____
_____   _____
_____   _____
_____   _____
_____   _____
_____   _____

Gesamt: _____ kcal   Gesamt: _____ kcal

Abendessen: Snacks / Zwischenmahlzeiten:

_____   _____
_____   _____
_____   _____
_____   _____
_____   _____
_____   _____
_____   _____
_____   _____
_____   _____

Gesamt: _____ kcal   Gesamt: _____ kcal

Tagesziel: _____   Tagessumme: _____

Datum: _____ Wochentag: _____

Frühstück: Mittagessen:

_____ _____
_____ _____
_____ _____
_____ _____
_____ _____
_____ _____
_____ _____
_____ _____
_____ _____
_____ _____

Gesamt: _____ kcal   Gesamt: _____ kcal

Abendessen: Snacks / Zwischenmahlzeiten:

_____ _____
_____ _____
_____ _____
_____ _____
_____ _____
_____ _____
_____ _____
_____ _____
_____ _____
_____ _____

Gesamt: _____ kcal   Gesamt: _____ kcal

Tagesziel: _____ Tagessumme: _____

Datum: _____ Wochentag: _____

Frühstück: **Mittagessen:**

_____ _____
_____ _____
_____ _____
_____ _____
_____ _____
_____ _____
_____ _____
_____ _____
_____ _____
_____ _____

Gesamt: _____ kcal Gesamt: _____ kcal

Abendessen: **Snacks / Zwischenmahlzeiten:**

_____ _____
_____ _____
_____ _____
_____ _____
_____ _____
_____ _____
_____ _____
_____ _____
_____ _____
_____ _____

Gesamt: _____ kcal Gesamt: _____ kcal

Tagesziel: _____ Tagessumme: _____

Datum: _____   Wochentag: _____

Frühstück: Mittagessen:

_____   _____
_____   _____
_____   _____
_____   _____
_____   _____
_____   _____
_____   _____
_____   _____
_____   _____
_____   _____

Gesamt: _____ kcal   **Gesamt:** _____ kcal

Abendessen: Snacks / Zwischenmahlzeiten:

_____   _____
_____   _____
_____   _____
_____   _____
_____   _____
_____   _____
_____   _____
_____   _____
_____   _____
_____   _____

Gesamt: _____ kcal   **Gesamt:** _____ kcal

Tagesziel: _____   Tagessumme: _____

Datum: _____ Wochentag: _____

Frühstück: Mittagessen:

_____ _____
_____ _____
_____ _____
_____ _____
_____ _____
_____ _____
_____ _____
_____ _____
_____ _____
_____ _____

Gesamt: _____ kcal Gesamt: _____ kcal

Abendessen: Snacks / Zwischenmahlzeiten:

_____ _____
_____ _____
_____ _____
_____ _____
_____ _____
_____ _____
_____ _____
_____ _____
_____ _____
_____ _____

Gesamt: _____ kcal Gesamt: _____ kcal

Tagesziel: _____ Tagessumme: _____

Datum: _____   Wochentag: _____

Frühstück: Mittagessen:

_____   _____
_____   _____
_____   _____
_____   _____
_____   _____
_____   _____
_____   _____
_____   _____
_____   _____
_____   _____

Gesamt: _____ kcal   Gesamt: _____ kcal

Abendessen: Snacks / Zwischenmahlzeiten:

_____   _____
_____   _____
_____   _____
_____   _____
_____   _____
_____   _____
_____   _____
_____   _____
_____   _____
_____   _____

Gesamt: _____ kcal   Gesamt: _____ kcal

Tagesziel: _____   Tagessumme: _____

Datum: _____   Wochentag: _____

Frühstück: Mittagessen:

_____   _____
_____   _____
_____   _____
_____   _____
_____   _____
_____   _____
_____   _____
_____   _____
_____   _____

Gesamt: _____ kcal   Gesamt: _____ kcal

Abendessen: Snacks / Zwischenmahlzeiten:

_____   _____
_____   _____
_____   _____
_____   _____
_____   _____
_____   _____
_____   _____
_____   _____
_____   _____

Gesamt: _____ kcal   Gesamt: _____ kcal

Tagesziel: _____   Tagessumme: _____

Datum: _____   Wochentag: _____

Frühstück: Mittagessen:

_____   _____
_____   _____
_____   _____
_____   _____
_____   _____
_____   _____
_____   _____
_____   _____
_____   _____
_____   _____

Gesamt: _____ kcal   Gesamt: _____ kcal

Abendessen: Snacks / Zwischenmahlzeiten:

_____   _____
_____   _____
_____   _____
_____   _____
_____   _____
_____   _____
_____   _____
_____   _____
_____   _____
_____   _____

Gesamt: _____ kcal   Gesamt: _____ kcal

Tagesziel: _____   Tagessumme: _____

Datum: _____   Wochentag: _____

Frühstück: Mittagessen:

_____   _____
_____   _____
_____   _____
_____   _____
_____   _____
_____   _____
_____   _____
_____   _____
_____   _____
_____   _____
_____   _____

Gesamt: _____ kcal   Gesamt: _____ kcal

Abendessen: Snacks / Zwischenmahlzeiten:

_____   _____
_____   _____
_____   _____
_____   _____
_____   _____
_____   _____
_____   _____
_____   _____
_____   _____
_____   _____
_____   _____

Gesamt: _____ kcal   Gesamt: _____ kcal

Tagesziel: _____   Tagessumme: _____

Datum: _____   Wochentag: _____

Frühstück:

_____
_____
_____
_____
_____
_____
_____
_____

Gesamt: _____ kcal

Mittagessen:

_____
_____
_____
_____
_____
_____
_____
_____

Gesamt: _____ kcal

Abendessen:

_____
_____
_____
_____
_____
_____
_____
_____

Gesamt: _____ kcal

Snacks / Zwischenmahlzeiten:

_____
_____
_____
_____
_____
_____
_____
_____

Gesamt: _____ kcal

Tagesziel: _____   Tagessumme: _____

Datum: _____   Wochentag: _____

Frühstück: Mittagessen:

_____   _____
_____   _____
_____   _____
_____   _____
_____   _____
_____   _____
_____   _____
_____   _____
_____   _____
_____   _____
_____   _____

Gesamt: _____ kcal   Gesamt: _____ kcal

Abendessen: Snacks / Zwischenmahlzeiten:

_____   _____
_____   _____
_____   _____
_____   _____
_____   _____
_____   _____
_____   _____
_____   _____
_____   _____
_____   _____
_____   _____

Gesamt: _____ kcal   Gesamt: _____ kcal

Tagesziel: _____   Tagessumme: _____

Datum: _____   Wochentag: _____

Frühstück: Mittagessen:

_____   _____
_____   _____
_____   _____
_____   _____
_____   _____
_____   _____
_____   _____
_____   _____
_____   _____
_____   _____
_____   _____

Gesamt: _____ kcal   Gesamt: _____ kcal

Abendessen: Snacks / Zwischenmahlzeiten:

_____   _____
_____   _____
_____   _____
_____   _____
_____   _____
_____   _____
_____   _____
_____   _____
_____   _____
_____   _____
_____   _____

Gesamt: _____ kcal   Gesamt: _____ kcal

Tagesziel: _____   Tagessumme: _____

Datum: _____ Wochentag: _____

Frühstück: Mittagessen:

_____ _____
_____ _____
_____ _____
_____ _____
_____ _____
_____ _____
_____ _____
_____ _____
_____ _____
_____ _____

Gesamt: _____ **kcal** **Gesamt:** _____ **kcal**

Abendessen: Snacks / Zwischenmahlzeiten:

_____ _____
_____ _____
_____ _____
_____ _____
_____ _____
_____ _____
_____ _____
_____ _____
_____ _____
_____ _____

Gesamt: _____ **kcal** **Gesamt:** _____ **kcal**

Tagesziel: _____ Tagessumme: _____

Datum: _____   **Wochentag:** _____

Frühstück: **Mittagessen:**

_____   _____
_____   _____
_____   _____
_____   _____
_____   _____
_____   _____
_____   _____
_____   _____
_____   _____
_____   _____

Gesamt: _____ kcal   **Gesamt:** _____ kcal

Abendessen: **Snacks / Zwischenmahlzeiten:**

_____   _____
_____   _____
_____   _____
_____   _____
_____   _____
_____   _____
_____   _____
_____   _____
_____   _____
_____   _____

Gesamt: _____ kcal   **Gesamt:** _____ kcal

Tagesziel: _____   **Tagessumme:** _____

Datum: _____   Wochentag: _____

Frühstück: Mittagessen:

_____   _____
_____   _____
_____   _____
_____   _____
_____   _____
_____   _____
_____   _____
_____   _____
_____   _____
_____   _____

Gesamt: _____ kcal   Gesamt: _____ kcal

Abendessen: Snacks / Zwischenmahlzeiten:

_____   _____
_____   _____
_____   _____
_____   _____
_____   _____
_____   _____
_____   _____
_____   _____
_____   _____
_____   _____

Gesamt: _____ kcal   Gesamt: _____ kcal

Tagesziel: _____   Tagessumme: _____

Datum: _____   Wochentag: _____

Frühstück: Mittagessen:

_____ _____
_____ _____
_____ _____
_____ _____
_____ _____
_____ _____
_____ _____
_____ _____
_____ _____
_____ _____

Gesamt: _____ kcal   Gesamt: _____ kcal

Abendessen: Snacks / Zwischenmahlzeiten:

_____ _____
_____ _____
_____ _____
_____ _____
_____ _____
_____ _____
_____ _____
_____ _____
_____ _____
_____ _____

Gesamt: _____ kcal   Gesamt: _____ kcal

Tagesziel: _____   Tagessumme: _____

Datum: _____   Wochentag: _____

Frühstück: Mittagessen:

_____   _____
_____   _____
_____   _____
_____   _____
_____   _____
_____   _____
_____   _____
_____   _____
_____   _____
_____   _____

Gesamt: _____ kcal   Gesamt: _____ kcal

Abendessen: Snacks / Zwischenmahlzeiten:

_____   _____
_____   _____
_____   _____
_____   _____
_____   _____
_____   _____
_____   _____
_____   _____
_____   _____
_____   _____

Gesamt: _____ kcal   Gesamt: _____ kcal

Tagesziel: _____   Tagessumme: _____

Datum: _____   Wochentag: _____

Frühstück: Mittagessen:

_____   _____
_____   _____
_____   _____
_____   _____
_____   _____
_____   _____
_____   _____
_____   _____
_____   _____
_____   _____

Gesamt: _____ kcal   Gesamt: _____ kcal

Abendessen: Snacks / Zwischenmahlzeiten:

_____   _____
_____   _____
_____   _____
_____   _____
_____   _____
_____   _____
_____   _____
_____   _____
_____   _____
_____   _____

Gesamt: _____ kcal   Gesamt: _____ kcal

Tagesziel: _____   Tagessumme: _____

Datum: _____   Wochentag: _____

Frühstück: Mittagessen:

_____   _____
_____   _____
_____   _____
_____   _____
_____   _____
_____   _____
_____   _____
_____   _____
_____   _____
_____   _____

Gesamt: _____ kcal   **Gesamt:** _____ kcal

Abendessen: Snacks / Zwischenmahlzeiten:

_____   _____
_____   _____
_____   _____
_____   _____
_____   _____
_____   _____
_____   _____
_____   _____
_____   _____
_____   _____

Gesamt: _____ kcal   **Gesamt:** _____ kcal

Tagesziel: _____   Tagessumme: _____

Datum: _____   Wochentag: _____

Frühstück: Mittagessen:

_____   _____
_____   _____
_____   _____
_____   _____
_____   _____
_____   _____
_____   _____
_____   _____
_____   _____
_____   _____

Gesamt: _____ kcal   Gesamt: _____ kcal

Abendessen: Snacks / Zwischenmahlzeiten:

_____   _____
_____   _____
_____   _____
_____   _____
_____   _____
_____   _____
_____   _____
_____   _____
_____   _____
_____   _____

Gesamt: _____ kcal   Gesamt: _____ kcal

Tagesziel: _____   Tagessumme: _____

Datum: _____ Wochentag: _____

Frühstück: Mittagessen:

_____ _____
_____ _____
_____ _____
_____ _____
_____ _____
_____ _____
_____ _____
_____ _____
_____ _____

Gesamt: _____ kcal Gesamt: _____ kcal

Abendessen: Snacks / Zwischenmahlzeiten:

_____ _____
_____ _____
_____ _____
_____ _____
_____ _____
_____ _____
_____ _____
_____ _____
_____ _____

Gesamt: _____ kcal Gesamt: _____ kcal

Tagesziel: _____ Tagessumme: _____

Datum: _____   Wochentag: _____

Frühstück: Mittagessen:

_____   _____
_____   _____
_____   _____
_____   _____
_____   _____
_____   _____
_____   _____
_____   _____
_____   _____
_____   _____

Gesamt: _____ kcal   Gesamt: _____ kcal

Abendessen: Snacks / Zwischenmahlzeiten:

_____   _____
_____   _____
_____   _____
_____   _____
_____   _____
_____   _____
_____   _____
_____   _____
_____   _____
_____   _____

Gesamt: _____ kcal   Gesamt: _____ kcal

Tagesziel: _____   Tagessumme: _____

Datum: _____   Wochentag: _____

Frühstück: Mittagessen:

_____   _____
_____   _____
_____   _____
_____   _____
_____   _____
_____   _____
_____   _____
_____   _____
_____   _____
_____   _____

Gesamt: _____ kcal   Gesamt: _____ kcal

Abendessen: Snacks / Zwischenmahlzeiten:

_____   _____
_____   _____
_____   _____
_____   _____
_____   _____
_____   _____
_____   _____
_____   _____
_____   _____
_____   _____

Gesamt: _____ kcal   Gesamt: _____ kcal

Tagesziel: _____   Tagessumme: _____

Datum: _____ Wochentag: _____

Frühstück: Mittagessen:

_____ _____
_____ _____
_____ _____
_____ _____
_____ _____
_____ _____
_____ _____
_____ _____
_____ _____
_____ _____
_____ _____

Gesamt: _____ kcal **Gesamt:** _____ kcal

Abendessen: Snacks / Zwischenmahlzeiten:

_____ _____
_____ _____
_____ _____
_____ _____
_____ _____
_____ _____
_____ _____
_____ _____
_____ _____
_____ _____
_____ _____

Gesamt: _____ kcal **Gesamt:** _____ kcal

Tagesziel: _____ Tagessumme: _____

Datum: _____   Wochentag: _____

Frühstück: Mittagessen:

_____   _____
_____   _____
_____   _____
_____   _____
_____   _____
_____   _____
_____   _____
_____   _____
_____   _____

Gesamt: _____ kcal   **Gesamt:** _____ kcal

Abendessen: Snacks / Zwischenmahlzeiten:

_____   _____
_____   _____
_____   _____
_____   _____
_____   _____
_____   _____
_____   _____
_____   _____
_____   _____

Gesamt: _____ kcal   **Gesamt:** _____ kcal

Tagesziel: _____   Tagessumme: _____

Datum: _____   Wochentag: _____

Frühstück: Mittagessen:

_____   _____
_____   _____
_____   _____
_____   _____
_____   _____
_____   _____
_____   _____
_____   _____
_____   _____
_____   _____

Gesamt: _____ kcal   Gesamt: _____ kcal

Abendessen: Snacks / Zwischenmahlzeiten:

_____   _____
_____   _____
_____   _____
_____   _____
_____   _____
_____   _____
_____   _____
_____   _____
_____   _____
_____   _____

Gesamt: _____ kcal   Gesamt: _____ kcal

Tagesziel: _____   Tagessumme: _____

Datum: _____   Wochentag: _____

Frühstück: Mittagessen:

_____   _____
_____   _____
_____   _____
_____   _____
_____   _____
_____   _____
_____   _____
_____   _____
_____   _____
_____   _____

Gesamt: _____ kcal   Gesamt: _____ kcal

Abendessen: Snacks / Zwischenmahlzeiten:

_____   _____
_____   _____
_____   _____
_____   _____
_____   _____
_____   _____
_____   _____
_____   _____
_____   _____
_____   _____

Gesamt: _____ kcal   Gesamt: _____ kcal

Tagesziel: _____   Tagessumme: _____

Datum: _____   Wochentag: _____

Frühstück: Mittagessen:

_____   _____
_____   _____
_____   _____
_____   _____
_____   _____
_____   _____
_____   _____
_____   _____
_____   _____
_____   _____

Gesamt: _____ kcal   Gesamt: _____ kcal

Abendessen: Snacks / Zwischenmahlzeiten:

_____   _____
_____   _____
_____   _____
_____   _____
_____   _____
_____   _____
_____   _____
_____   _____
_____   _____
_____   _____

Gesamt: _____ kcal   Gesamt: _____ kcal

Tagesziel: _____ Tagessumme: _____

Datum: _____   Wochentag: _____

Frühstück: Mittagessen:

_____   _____
_____   _____
_____   _____
_____   _____
_____   _____
_____   _____
_____   _____
_____   _____
_____   _____
_____   _____

Gesamt: _____ kcal   **Gesamt:** _____ kcal

Abendessen: Snacks / Zwischenmahlzeiten:

_____   _____
_____   _____
_____   _____
_____   _____
_____   _____
_____   _____
_____   _____
_____   _____
_____   _____
_____   _____

Gesamt: _____ kcal   **Gesamt:** _____ kcal

Tagesziel: _____   Tagessumme: _____

Essen ist eine höchst ungerechte Sache: Jeder Bissen bleibt höchstens zwei Minuten im Mund, zwei Stunden im Magen, aber drei Monate an den Hüften.

Christian Dior

Datum: _____   Wochentag: _____

Frühstück: Mittagessen:

_____   _____
_____   _____
_____   _____
_____   _____
_____   _____
_____   _____
_____   _____
_____   _____
_____   _____
_____   _____

Gesamt: _____ kcal   Gesamt: _____ kcal

Abendessen: Snacks / Zwischenmahlzeiten:

_____   _____
_____   _____
_____   _____
_____   _____
_____   _____
_____   _____
_____   _____
_____   _____
_____   _____
_____   _____

Gesamt: _____ kcal   Gesamt: _____ kcal

Tagesziel: _____ Tagessumme: _____

Datum: _____ Wochentag: _____

Frühstück: Mittagessen:
_____ _____
_____ _____
_____ _____
_____ _____
_____ _____
_____ _____
_____ _____
_____ _____
_____ _____
_____ _____

Gesamt: _____ kcal Gesamt: _____ kcal

Abendessen: Snacks / Zwischenmahlzeiten:
_____ _____
_____ _____
_____ _____
_____ _____
_____ _____
_____ _____
_____ _____
_____ _____
_____ _____
_____ _____

Gesamt: _____ kcal Gesamt: _____ kcal

Tagesziel: _____ Tagessumme: _____

Datum: _____   Wochentag: _____

Frühstück: Mittagessen:

_____   _____
_____   _____
_____   _____
_____   _____
_____   _____
_____   _____
_____   _____
_____   _____
_____   _____
_____   _____

Gesamt: _____ kcal   Gesamt: _____ kcal

Abendessen: Snacks / Zwischenmahlzeiten:

_____   _____
_____   _____
_____   _____
_____   _____
_____   _____
_____   _____
_____   _____
_____   _____
_____   _____
_____   _____

Gesamt: _____ kcal   Gesamt: _____ kcal

Tagesziel: _____   Tagessumme: _____

Datum: _____   Wochentag: _____

Frühstück: Mittagessen:

_____   _____
_____   _____
_____   _____
_____   _____
_____   _____
_____   _____
_____   _____
_____   _____
_____   _____
_____   _____

Gesamt: _____ kcal   **Gesamt:** _____ kcal

Abendessen: Snacks / Zwischenmahlzeiten:

_____   _____
_____   _____
_____   _____
_____   _____
_____   _____
_____   _____
_____   _____
_____   _____
_____   _____
_____   _____

Gesamt: _____ kcal   **Gesamt:** _____ kcal

Tagesziel: _____   Tagessumme: _____

Datum: _____   Wochentag: _____

Frühstück: Mittagessen:

_____   _____
_____   _____
_____   _____
_____   _____
_____   _____
_____   _____
_____   _____
_____   _____
_____   _____
_____   _____
_____   _____
_____   _____

Gesamt: _____ kcal   Gesamt: _____ kcal

Abendessen: Snacks / Zwischenmahlzeiten:

_____   _____
_____   _____
_____   _____
_____   _____
_____   _____
_____   _____
_____   _____
_____   _____
_____   _____
_____   _____
_____   _____
_____   _____

Gesamt: _____ kcal   Gesamt: _____ kcal

Tagesziel: _____ Tagessumme: _____

Datum: _____   Wochentag: _____

Frühstück: Mittagessen:

_____   _____
_____   _____
_____   _____
_____   _____
_____   _____
_____   _____
_____   _____
_____   _____
_____   _____
_____   _____

Gesamt: _____ kcal   Gesamt: _____ kcal

Abendessen: Snacks / Zwischenmahlzeiten:

_____   _____
_____   _____
_____   _____
_____   _____
_____   _____
_____   _____
_____   _____
_____   _____
_____   _____
_____   _____

Gesamt: _____ kcal   Gesamt: _____ kcal

Tagesziel: _____ Tagessumme: _____

Datum: _____   Wochentag: _____

Frühstück: Mittagessen:

_____   _____
_____   _____
_____   _____
_____   _____
_____   _____
_____   _____
_____   _____
_____   _____
_____   _____
_____   _____

Gesamt: _____ kcal   Gesamt: _____ kcal

Abendessen: Snacks / Zwischenmahlzeiten:

_____   _____
_____   _____
_____   _____
_____   _____
_____   _____
_____   _____
_____   _____
_____   _____
_____   _____
_____   _____

Gesamt: _____ kcal   Gesamt: _____ kcal

Tagesziel: _____   Tagessumme: _____

Datum: _____   Wochentag: _____

Frühstück: Mittagessen:

_____   _____
_____   _____
_____   _____
_____   _____
_____   _____
_____   _____
_____   _____
_____   _____
_____   _____
_____   _____

Gesamt: _____ kcal   **Gesamt:** _____ kcal

Abendessen: Snacks / Zwischenmahlzeiten:

_____   _____
_____   _____
_____   _____
_____   _____
_____   _____
_____   _____
_____   _____
_____   _____
_____   _____
_____   _____

Gesamt: _____ kcal   **Gesamt:** _____ kcal

Tagesziel: _____   Tagessumme: _____

Datum: _____   Wochentag: _____

Frühstück:

_____
_____
_____
_____
_____
_____
_____
_____
_____
_____

Gesamt: _____ kcal

Mittagessen:

_____
_____
_____
_____
_____
_____
_____
_____
_____
_____

Gesamt: _____ kcal

Abendessen:

_____
_____
_____
_____
_____
_____
_____
_____
_____
_____

Gesamt: _____ kcal

Snacks / Zwischenmahlzeiten:

_____
_____
_____
_____
_____
_____
_____
_____
_____
_____

Gesamt: _____ kcal

Tagesziel: _____   Tagessumme: _____

Datum: _____ Wochentag: _____

Frühstück: Mittagessen:

_____ _____
_____ _____
_____ _____
_____ _____
_____ _____
_____ _____
_____ _____
_____ _____
_____ _____
_____ _____

Gesamt: _____ kcal   Gesamt: _____ kcal

Abendessen: Snacks / Zwischenmahlzeiten:

_____ _____
_____ _____
_____ _____
_____ _____
_____ _____
_____ _____
_____ _____
_____ _____
_____ _____
_____ _____

Gesamt: _____ kcal   Gesamt: _____ kcal

Tagesziel: _____ Tagessumme: _____

Datum: _____ Wochentag: _____

Frühstück: **Mittagessen:**

_____ _____
_____ _____
_____ _____
_____ _____
_____ _____
_____ _____
_____ _____
_____ _____
_____ _____
_____ _____

Gesamt: _____ kcal **Gesamt:** _____ kcal

Abendessen: **Snacks / Zwischenmahlzeiten:**

_____ _____
_____ _____
_____ _____
_____ _____
_____ _____
_____ _____
_____ _____
_____ _____
_____ _____
_____ _____

Gesamt: _____ kcal **Gesamt:** _____ kcal

Tagesziel: _____ **Tagessumme:** _____

Datum: _____   Wochentag: _____

Frühstück: Mittagessen:

_____   _____
_____   _____
_____   _____
_____   _____
_____   _____
_____   _____
_____   _____
_____   _____

Gesamt: _____ kcal Gesamt: _____ kcal

Abendessen: Snacks / Zwischenmahlzeiten:

_____   _____
_____   _____
_____   _____
_____   _____
_____   _____
_____   _____
_____   _____
_____   _____
_____   _____

Gesamt: _____ kcal Gesamt: _____ kcal

Tagesziel: _____ Tagessumme: _____

Datum: _____   Wochentag: _____

Frühstück: Mittagessen:
_____   _____
_____   _____
_____   _____
_____   _____
_____   _____
_____   _____
_____   _____
_____   _____
_____   _____
_____   _____
_____   _____

Gesamt: _____ kcal   Gesamt: _____ kcal

Abendessen: Snacks / Zwischenmahlzeiten:
_____   _____
_____   _____
_____   _____
_____   _____
_____   _____
_____   _____
_____   _____
_____   _____
_____   _____
_____   _____
_____   _____

Gesamt: _____ kcal   Gesamt: _____ kcal

Tagesziel: _____ Tagessumme: _____

Datum: _____   Wochentag: _____

Frühstück: Mittagessen:

_____   _____
_____   _____
_____   _____
_____   _____
_____   _____
_____   _____
_____   _____
_____   _____
_____   _____
_____   _____

Gesamt: _____ kcal   **Gesamt:** _____ kcal

Abendessen: Snacks / Zwischenmahlzeiten:

_____   _____
_____   _____
_____   _____
_____   _____
_____   _____
_____   _____
_____   _____
_____   _____
_____   _____
_____   _____

Gesamt: _____ kcal   **Gesamt:** _____ kcal

Tagesziel: _____   Tagessumme: _____

Datum: _____   Wochentag: _____

Frühstück: Mittagessen:

_____   _____
_____   _____
_____   _____
_____   _____
_____   _____
_____   _____
_____   _____
_____   _____
_____   _____
_____   _____

Gesamt: _____ kcal   Gesamt: _____ kcal

Abendessen: Snacks / Zwischenmahlzeiten:

_____   _____
_____   _____
_____   _____
_____   _____
_____   _____
_____   _____
_____   _____
_____   _____
_____   _____
_____   _____

Gesamt: _____ kcal   Gesamt: _____ kcal

Tagesziel: _____ Tagessumme: _____

Datum: _____   Wochentag: _____

Frühstück: Mittagessen:

_____   _____
_____   _____
_____   _____
_____   _____
_____   _____
_____   _____
_____   _____
_____   _____
_____   _____
_____   _____

Gesamt: _____ kcal   Gesamt: _____ kcal

Abendessen: Snacks / Zwischenmahlzeiten:

_____   _____
_____   _____
_____   _____
_____   _____
_____   _____
_____   _____
_____   _____
_____   _____
_____   _____
_____   _____

Gesamt: _____ kcal   Gesamt: _____ kcal

Tagesziel: _____   Tagessumme: _____

Datum: _____   Wochentag: _____

Frühstück: Mittagessen:

_____   _____
_____   _____
_____   _____
_____   _____
_____   _____
_____   _____
_____   _____
_____   _____
_____   _____
_____   _____

Gesamt: _____ kcal   Gesamt: _____ kcal

Abendessen: Snacks / Zwischenmahlzeiten:

_____   _____
_____   _____
_____   _____
_____   _____
_____   _____
_____   _____
_____   _____
_____   _____
_____   _____
_____   _____

Gesamt: _____ kcal   Gesamt: _____ kcal

Tagesziel: _____ Tagessumme: _____

Datum: _____   Wochentag: _____

Frühstück: Mittagessen:

_____   _____
_____   _____
_____   _____
_____   _____
_____   _____
_____   _____
_____   _____
_____   _____
_____   _____

Gesamt: _____ kcal   Gesamt: _____ kcal

Abendessen: Snacks / Zwischenmahlzeiten:

_____   _____
_____   _____
_____   _____
_____   _____
_____   _____
_____   _____
_____   _____
_____   _____
_____   _____

Gesamt: _____ kcal   Gesamt: _____ kcal

Tagesziel: _____ Tagessumme: _____

Datum: _____ Wochentag: _____

Frühstück: Mittagessen:

_____ _____
_____ _____
_____ _____
_____ _____
_____ _____
_____ _____
_____ _____
_____ _____
_____ _____
_____ _____

Gesamt: _____ kcal **Gesamt:** _____ kcal

Abendessen: Snacks / Zwischenmahlzeiten:

_____ _____
_____ _____
_____ _____
_____ _____
_____ _____
_____ _____
_____ _____
_____ _____
_____ _____
_____ _____

Gesamt: _____ kcal **Gesamt:** _____ kcal

Tagesziel: _____ Tagessumme: _____

Datum: _____   Wochentag: _____

Frühstück: Mittagessen:

_____   _____
_____   _____
_____   _____
_____   _____
_____   _____
_____   _____
_____   _____
_____   _____
_____   _____
_____   _____

Gesamt: _____ kcal   Gesamt: _____ kcal

Abendessen: Snacks / Zwischenmahlzeiten:

_____   _____
_____   _____
_____   _____
_____   _____
_____   _____
_____   _____
_____   _____
_____   _____
_____   _____
_____   _____

Gesamt: _____ kcal   Gesamt: _____ kcal

Tagesziel: _____   Tagessumme: _____

Datum: _____   Wochentag: _____

Frühstück: Mittagessen:

_____   _____
_____   _____
_____   _____
_____   _____
_____   _____
_____   _____
_____   _____
_____   _____
_____   _____
_____   _____

Gesamt: _____ kcal Gesamt: _____ kcal

Abendessen: Snacks / Zwischenmahlzeiten:

_____   _____
_____   _____
_____   _____
_____   _____
_____   _____
_____   _____
_____   _____
_____   _____
_____   _____
_____   _____

Gesamt: _____ kcal Gesamt: _____ kcal

Tagesziel: _____   Tagessumme: _____

Datum: _____   Wochentag: _____

Frühstück:

_____
_____
_____
_____
_____
_____
_____
_____
_____
_____
_____

Gesamt: _____ kcal

Mittagessen:

_____
_____
_____
_____
_____
_____
_____
_____
_____
_____
_____

Gesamt: _____ kcal

Abendessen:

_____
_____
_____
_____
_____
_____
_____
_____
_____
_____
_____

Gesamt: _____ kcal

Snacks / Zwischenmahlzeiten:

_____
_____
_____
_____
_____
_____
_____
_____
_____
_____
_____

Gesamt: _____ kcal

Tagesziel: _____   Tagessumme: _____

Datum: _____   Wochentag: _____

Frühstück: Mittagessen:

_____   _____
_____   _____
_____   _____
_____   _____
_____   _____
_____   _____
_____   _____
_____   _____
_____   _____
_____   _____

Gesamt: _____ kcal   Gesamt: _____ kcal

Abendessen: Snacks / Zwischenmahlzeiten:

_____   _____
_____   _____
_____   _____
_____   _____
_____   _____
_____   _____
_____   _____
_____   _____
_____   _____
_____   _____

Gesamt: _____ kcal   Gesamt: _____ kcal

Tagesziel: _____ Tagessumme: _____

Datum: _____   Wochentag: _____

Frühstück: Mittagessen:

_____   _____
_____   _____
_____   _____
_____   _____
_____   _____
_____   _____
_____   _____
_____   _____
_____   _____
_____   _____

Gesamt: _____ kcal   Gesamt: _____ kcal

Abendessen: Snacks / Zwischenmahlzeiten:

_____   _____
_____   _____
_____   _____
_____   _____
_____   _____
_____   _____
_____   _____
_____   _____
_____   _____
_____   _____

Gesamt: _____ kcal   Gesamt: _____ kcal

Tagesziel: _____ Tagessumme: _____

Datum: _____ Wochentag: _____

Frühstück: Mittagessen:

_____ _____
_____ _____
_____ _____
_____ _____
_____ _____
_____ _____
_____ _____
_____ _____
_____ _____

Gesamt: _____ kcal Gesamt: _____ kcal

Abendessen: Snacks / Zwischenmahlzeiten:

_____ _____
_____ _____
_____ _____
_____ _____
_____ _____
_____ _____
_____ _____
_____ _____
_____ _____

Gesamt: _____ kcal Gesamt: _____ kcal

Tagesziel: _____ Tagessumme: _____

Datum: _____   Wochentag: _____

Frühstück: Mittagessen:
_____   _____
_____   _____
_____   _____
_____   _____
_____   _____
_____   _____
_____   _____
_____   _____
_____   _____
_____   _____

Gesamt: _____ kcal   Gesamt: _____ kcal

Abendessen: Snacks / Zwischenmahlzeiten:
_____   _____
_____   _____
_____   _____
_____   _____
_____   _____
_____   _____
_____   _____
_____   _____
_____   _____
_____   _____

Gesamt: _____ kcal   Gesamt: _____ kcal

Tagesziel: _____   Tagessumme: _____

Datum: _____ Wochentag: _____

Frühstück: Mittagessen:

_____ _____
_____ _____
_____ _____
_____ _____
_____ _____
_____ _____
_____ _____
_____ _____
_____ _____
_____ _____

Gesamt: _____ kcal Gesamt: _____ kcal

Abendessen: Snacks / Zwischenmahlzeiten:

_____ _____
_____ _____
_____ _____
_____ _____
_____ _____
_____ _____
_____ _____
_____ _____
_____ _____
_____ _____

Gesamt: _____ kcal Gesamt: _____ kcal

Tagesziel: _____ Tagessumme: _____

Datum: _____ Wochentag: _____

Frühstück: | **Mittagessen:**

_____ | _____
_____ | _____
_____ | _____
_____ | _____
_____ | _____
_____ | _____
_____ | _____
_____ | _____
_____ | _____
_____ | _____

Gesamt: _____ kcal   Gesamt: _____ kcal

Abendessen: | **Snacks / Zwischenmahlzeiten:**

_____ | _____
_____ | _____
_____ | _____
_____ | _____
_____ | _____
_____ | _____
_____ | _____
_____ | _____
_____ | _____
_____ | _____

Gesamt: _____ kcal   Gesamt: _____ kcal

Tagesziel: _____ Tagessumme: _____

Datum: _____   Wochentag: _____

Frühstück: Mittagessen:

_____ _____
_____ _____
_____ _____
_____ _____
_____ _____
_____ _____
_____ _____
_____ _____
_____ _____
_____ _____

Gesamt: _____ kcal Gesamt: _____ kcal

Abendessen: Snacks / Zwischenmahlzeiten:

_____ _____
_____ _____
_____ _____
_____ _____
_____ _____
_____ _____
_____ _____
_____ _____
_____ _____
_____ _____

Gesamt: _____ kcal Gesamt: _____ kcal

Tagesziel: _____ Tagessumme: _____

Datum: _____   Wochentag: _____

Frühstück: Mittagessen:

_____   _____
_____   _____
_____   _____
_____   _____
_____   _____
_____   _____
_____   _____
_____   _____
_____   _____
_____   _____

Gesamt: _____ kcal Gesamt: _____ kcal

Abendessen: Snacks / Zwischenmahlzeiten:

_____   _____
_____   _____
_____   _____
_____   _____
_____   _____
_____   _____
_____   _____
_____   _____
_____   _____
_____   _____

Gesamt: _____ kcal Gesamt: _____ kcal

Tagesziel: _____   Tagessumme: _____

> Nichts wird die Chance für ein Überleben auf der Erde so steigern wie der Schritt zu einer vegetarischen Ernährung.
>
> Albert Einstein

Datum: _____ Wochentag: _____

Frühstück: Mittagessen:

_____ _____
_____ _____
_____ _____
_____ _____
_____ _____
_____ _____
_____ _____
_____ _____
_____ _____

Gesamt: _____ kcal Gesamt: _____ kcal

Abendessen: Snacks / Zwischenmahlzeiten:

_____ _____
_____ _____
_____ _____
_____ _____
_____ _____
_____ _____
_____ _____
_____ _____
_____ _____

Gesamt: _____ kcal Gesamt: _____ kcal

Tagesziel: _____ Tagessumme: _____

Datum: _____   Wochentag: _____

Frühstück: **Mittagessen:**

_____   _____
_____   _____
_____   _____
_____   _____
_____   _____
_____   _____
_____   _____
_____   _____
_____   _____

Gesamt: _____ kcal   **Gesamt:** _____ kcal

Abendessen: **Snacks / Zwischenmahlzeiten:**

_____   _____
_____   _____
_____   _____
_____   _____
_____   _____
_____   _____
_____   _____
_____   _____
_____   _____

Gesamt: _____ kcal   **Gesamt:** _____ kcal

Tagesziel: _____   Tagessumme: _____

Datum: _____   Wochentag: _____

Frühstück: Mittagessen:

_____   _____
_____   _____
_____   _____
_____   _____
_____   _____
_____   _____
_____   _____
_____   _____
_____   _____
_____   _____

Gesamt: _____ kcal   Gesamt: _____ kcal

Abendessen: Snacks / Zwischenmahlzeiten:

_____   _____
_____   _____
_____   _____
_____   _____
_____   _____
_____   _____
_____   _____
_____   _____
_____   _____
_____   _____

Gesamt: _____ kcal   Gesamt: _____ kcal

Tagesziel: _____   Tagessumme: _____

Datum: _____   Wochentag: _____

Frühstück: Mittagessen:

_____   _____
_____   _____
_____   _____
_____   _____
_____   _____
_____   _____
_____   _____
_____   _____
_____   _____
_____   _____

Gesamt: _____ kcal   **Gesamt:** _____ kcal

Abendessen: Snacks / Zwischenmahlzeiten:

_____   _____
_____   _____
_____   _____
_____   _____
_____   _____
_____   _____
_____   _____
_____   _____
_____   _____
_____   _____

Gesamt: _____ kcal   **Gesamt:** _____ kcal

Tagesziel: _____   Tagessumme: _____

Datum: _____ Wochentag: _____

Frühstück: Mittagessen:

_____ _____
_____ _____
_____ _____
_____ _____
_____ _____
_____ _____
_____ _____
_____ _____
_____ _____
_____ _____

Gesamt: _____ kcal Gesamt: _____ kcal

Abendessen: Snacks / Zwischenmahlzeiten:

_____ _____
_____ _____
_____ _____
_____ _____
_____ _____
_____ _____
_____ _____
_____ _____
_____ _____
_____ _____

Gesamt: _____ kcal Gesamt: _____ kcal

Tagesziel: _____ Tagessumme: _____

Datum: _____   Wochentag: _____

Frühstück: Mittagessen:

_____   _____
_____   _____
_____   _____
_____   _____
_____   _____
_____   _____
_____   _____
_____   _____
_____   _____
_____   _____

Gesamt: _____ kcal   **Gesamt: _____ kcal**

Abendessen: Snacks / Zwischenmahlzeiten:

_____   _____
_____   _____
_____   _____
_____   _____
_____   _____
_____   _____
_____   _____
_____   _____
_____   _____
_____   _____

Gesamt: _____ kcal   **Gesamt: _____ kcal**

Tagesziel: _____   Tagessumme: _____

Datum: _____   Wochentag: _____

Frühstück: Mittagessen:

_____   _____
_____   _____
_____   _____
_____   _____
_____   _____
_____   _____
_____   _____
_____   _____
_____   _____
_____   _____

Gesamt: _____ kcal   Gesamt: _____ kcal

Abendessen: Snacks / Zwischenmahlzeiten:

_____   _____
_____   _____
_____   _____
_____   _____
_____   _____
_____   _____
_____   _____
_____   _____
_____   _____
_____   _____

Gesamt: _____ kcal   Gesamt: _____ kcal

Tagesziel: _____ Tagessumme: _____

Datum: _____   Wochentag: _____

Frühstück: Mittagessen:

_____   _____
_____   _____
_____   _____
_____   _____
_____   _____
_____   _____
_____   _____
_____   _____
_____   _____

Gesamt: _____ kcal   Gesamt: _____ kcal

Abendessen: Snacks / Zwischenmahlzeiten:

_____   _____
_____   _____
_____   _____
_____   _____
_____   _____
_____   _____
_____   _____
_____   _____
_____   _____

Gesamt: _____ kcal   Gesamt: _____ kcal

Tagesziel: _____   Tagessumme: _____

Datum: _____   Wochentag: _____

Frühstück: Mittagessen:

_____   _____
_____   _____
_____   _____
_____   _____
_____   _____
_____   _____
_____   _____
_____   _____
_____   _____

Gesamt: _____ kcal   **Gesamt:** _____ kcal

Abendessen: Snacks / Zwischenmahlzeiten:

_____   _____
_____   _____
_____   _____
_____   _____
_____   _____
_____   _____
_____   _____
_____   _____
_____   _____

Gesamt: _____ kcal   **Gesamt:** _____ kcal

Tagesziel: _____   Tagessumme: _____

Datum: _____   Wochentag: _____

Frühstück: Mittagessen:

_____   _____
_____   _____
_____   _____
_____   _____
_____   _____
_____   _____
_____   _____
_____   _____
_____   _____
_____   _____

Gesamt: _____ kcal   Gesamt: _____ kcal

Abendessen: Snacks / Zwischenmahlzeiten:

_____   _____
_____   _____
_____   _____
_____   _____
_____   _____
_____   _____
_____   _____
_____   _____
_____   _____
_____   _____

Gesamt: _____ kcal   Gesamt: _____ kcal

Tagesziel: _____   Tagessumme: _____

Datum: _____   Wochentag: _____

Frühstück: Mittagessen:

_____   _____
_____   _____
_____   _____
_____   _____
_____   _____
_____   _____
_____   _____
_____   _____
_____   _____
_____   _____

Gesamt: _____ kcal   Gesamt: _____ kcal

Abendessen: Snacks / Zwischenmahlzeiten:

_____   _____
_____   _____
_____   _____
_____   _____
_____   _____
_____   _____
_____   _____
_____   _____
_____   _____
_____   _____

Gesamt: _____ kcal   Gesamt: _____ kcal

Tagesziel: _____   Tagessumme: _____

Datum: _____   Wochentag: _____

Frühstück: Mittagessen:

_____   _____
_____   _____
_____   _____
_____   _____
_____   _____
_____   _____
_____   _____
_____   _____
_____   _____

Gesamt: _____ kcal   Gesamt: _____ kcal

Abendessen: Snacks / Zwischenmahlzeiten:

_____   _____
_____   _____
_____   _____
_____   _____
_____   _____
_____   _____
_____   _____
_____   _____
_____   _____

Gesamt: _____ kcal   Gesamt: _____ kcal

Tagesziel: _____   Tagessumme: _____

Datum: _____   Wochentag: _____

Frühstück: Mittagessen:

_____   _____
_____   _____
_____   _____
_____   _____
_____   _____
_____   _____
_____   _____
_____   _____
_____   _____
_____   _____

Gesamt: _____ kcal **Gesamt:** _____ kcal

Abendessen: Snacks / Zwischenmahlzeiten:

_____   _____
_____   _____
_____   _____
_____   _____
_____   _____
_____   _____
_____   _____
_____   _____
_____   _____
_____   _____

Gesamt: _____ kcal **Gesamt:** _____ kcal

Tagesziel: _____ Tagessumme: _____

Datum: _____   Wochentag: _____

Frühstück: Mittagessen:

_____   _____
_____   _____
_____   _____
_____   _____
_____   _____
_____   _____
_____   _____
_____   _____
_____   _____

Gesamt: _____ kcal   Gesamt: _____ kcal

Abendessen: Snacks / Zwischenmahlzeiten:

_____   _____
_____   _____
_____   _____
_____   _____
_____   _____
_____   _____
_____   _____
_____   _____
_____   _____
_____   _____
_____   _____

Gesamt: _____ kcal   Gesamt: _____ kcal

Tagesziel: _____   Tagessumme: _____

Datum: _____   Wochentag: _____

Frühstück: Mittagessen:

_____   _____
_____   _____
_____   _____
_____   _____
_____   _____
_____   _____
_____   _____
_____   _____
_____   _____
_____   _____

Gesamt: _____ kcal   Gesamt: _____ kcal

Abendessen: Snacks / Zwischenmahlzeiten:

_____   _____
_____   _____
_____   _____
_____   _____
_____   _____
_____   _____
_____   _____
_____   _____
_____   _____
_____   _____

Gesamt: _____ kcal   Gesamt: _____ kcal

Tagesziel: _____   Tagessumme: _____

Datum: _____   Wochentag: _____

Frühstück: Mittagessen:

_____   _____
_____   _____
_____   _____
_____   _____
_____   _____
_____   _____
_____   _____
_____   _____

Gesamt: _____ kcal **Gesamt:** _____ kcal

Abendessen: Snacks / Zwischenmahlzeiten:

_____   _____
_____   _____
_____   _____
_____   _____
_____   _____
_____   _____
_____   _____
_____   _____

Gesamt: _____ kcal **Gesamt:** _____ kcal

Tagesziel: _____ Tagessumme: _____

Datum: _____   Wochentag: _____

Frühstück: Mittagessen:

_____   _____
_____   _____
_____   _____
_____   _____
_____   _____
_____   _____
_____   _____
_____   _____
_____   _____
_____   _____

Gesamt: _____ kcal   Gesamt: _____ kcal

Abendessen: Snacks / Zwischenmahlzeiten:

_____   _____
_____   _____
_____   _____
_____   _____
_____   _____
_____   _____
_____   _____
_____   _____
_____   _____
_____   _____

Gesamt: _____ kcal   Gesamt: _____ kcal

Tagesziel: _____   Tagessumme: _____

Datum: _____   Wochentag: _____

Frühstück: Mittagessen:

_____   _____
_____   _____
_____   _____
_____   _____
_____   _____
_____   _____
_____   _____
_____   _____
_____   _____

Gesamt: _____ kcal   **Gesamt:** _____ kcal

Abendessen: Snacks / Zwischenmahlzeiten:

_____   _____
_____   _____
_____   _____
_____   _____
_____   _____
_____   _____
_____   _____
_____   _____
_____   _____

Gesamt: _____ kcal   **Gesamt:** _____ kcal

Tagesziel: _____   Tagessumme: _____

Datum: _____   Wochentag: _____

Frühstück: Mittagessen:

_____   _____
_____   _____
_____   _____
_____   _____
_____   _____
_____   _____
_____   _____
_____   _____
_____   _____

Gesamt: _____ kcal   Gesamt: _____ kcal

Abendessen: Snacks / Zwischenmahlzeiten:

_____   _____
_____   _____
_____   _____
_____   _____
_____   _____
_____   _____
_____   _____
_____   _____
_____   _____

Gesamt: _____ kcal   Gesamt: _____ kcal

Tagesziel: _____   Tagessumme: _____

Datum: _____   Wochentag: _____

Frühstück: Mittagessen:

_____   _____
_____   _____
_____   _____
_____   _____
_____   _____
_____   _____
_____   _____
_____   _____
_____   _____

Gesamt: _____ kcal   Gesamt: _____ kcal

Abendessen: Snacks / Zwischenmahlzeiten:

_____   _____
_____   _____
_____   _____
_____   _____
_____   _____
_____   _____
_____   _____
_____   _____
_____   _____

Gesamt: _____ kcal   Gesamt: _____ kcal

Tagesziel: _____ Tagessumme: _____

Datum: _____   Wochentag: _____

Frühstück: Mittagessen:

_____   _____
_____   _____
_____   _____
_____   _____
_____   _____
_____   _____
_____   _____
_____   _____
_____   _____
_____   _____

Gesamt: _____ kcal   Gesamt: _____ kcal

Abendessen: Snacks / Zwischenmahlzeiten:

_____   _____
_____   _____
_____   _____
_____   _____
_____   _____
_____   _____
_____   _____
_____   _____
_____   _____
_____   _____

Gesamt: _____ kcal   Gesamt: _____ kcal

Tagesziel: _____   Tagessumme: _____

Datum: _____ Wochentag: _____

Frühstück: Mittagessen:

_____ _____
_____ _____
_____ _____
_____ _____
_____ _____
_____ _____
_____ _____
_____ _____
_____ _____
_____ _____

Gesamt: _____ kcal **Gesamt: _____ kcal**

Abendessen: Snacks / Zwischenmahlzeiten:

_____ _____
_____ _____
_____ _____
_____ _____
_____ _____
_____ _____
_____ _____
_____ _____
_____ _____
_____ _____

Gesamt: _____ kcal **Gesamt: _____ kcal**

Tagesziel: _____ Tagessumme: _____

Datum: _____   Wochentag: _____

Frühstück: Mittagessen:

_____   _____
_____   _____
_____   _____
_____   _____
_____   _____
_____   _____
_____   _____
_____   _____
_____   _____
_____   _____

Gesamt: _____ kcal   Gesamt: _____ kcal

Abendessen: Snacks / Zwischenmahlzeiten:

_____   _____
_____   _____
_____   _____
_____   _____
_____   _____
_____   _____
_____   _____
_____   _____
_____   _____
_____   _____

Gesamt: _____ kcal   Gesamt: _____ kcal

Tagesziel: _____ Tagessumme: _____

Datum: _____   Wochentag: _____

Frühstück: Mittagessen:

_____ _____
_____ _____
_____ _____
_____ _____
_____ _____
_____ _____
_____ _____
_____ _____

Gesamt: _____ kcal Gesamt: _____ kcal

Abendessen: Snacks / Zwischenmahlzeiten:

_____ _____
_____ _____
_____ _____
_____ _____
_____ _____
_____ _____
_____ _____
_____ _____

Gesamt: _____ kcal Gesamt: _____ kcal

Tagesziel: _____   Tagessumme: _____

Datum: _____   Wochentag: _____

Frühstück: Mittagessen:

_____ _____
_____ _____
_____ _____
_____ _____
_____ _____
_____ _____
_____ _____
_____ _____
_____ _____

Gesamt: _____ kcal Gesamt: _____ kcal

Abendessen: Snacks / Zwischenmahlzeiten:

_____ _____
_____ _____
_____ _____
_____ _____
_____ _____
_____ _____
_____ _____
_____ _____
_____ _____

Gesamt: _____ kcal Gesamt: _____ kcal

Tagesziel: _____   Tagessumme: _____

Datum: _____   Wochentag: _____

Frühstück: Mittagessen:

_____   _____
_____   _____
_____   _____
_____   _____
_____   _____
_____   _____
_____   _____
_____   _____
_____   _____
_____   _____

Gesamt: _____ kcal   Gesamt: _____ kcal

Abendessen: Snacks / Zwischenmahlzeiten:

_____   _____
_____   _____
_____   _____
_____   _____
_____   _____
_____   _____
_____   _____
_____   _____
_____   _____
_____   _____

Gesamt: _____ kcal   Gesamt: _____ kcal

Tagesziel: _____   Tagessumme: _____

Datum: _____   Wochentag: _____

Frühstück: Mittagessen:

_____   _____
_____   _____
_____   _____
_____   _____
_____   _____
_____   _____
_____   _____
_____   _____
_____   _____
_____   _____

Gesamt: _____ kcal   Gesamt: _____ kcal

Abendessen: Snacks / Zwischenmahlzeiten:

_____   _____
_____   _____
_____   _____
_____   _____
_____   _____
_____   _____
_____   _____
_____   _____
_____   _____
_____   _____

Gesamt: _____ kcal   Gesamt: _____ kcal

Tagesziel: _____   Tagessumme: _____

Datum: _____   Wochentag: _____

Frühstück: Mittagessen:

_____   _____
_____   _____
_____   _____
_____   _____
_____   _____
_____   _____
_____   _____
_____   _____

Gesamt: _____ kcal   Gesamt: _____ kcal

Abendessen: Snacks / Zwischenmahlzeiten:

_____   _____
_____   _____
_____   _____
_____   _____
_____   _____
_____   _____
_____   _____
_____   _____

Gesamt: _____ kcal   Gesamt: _____ kcal

Tagesziel: _____   Tagessumme: _____

Datum: _____ Wochentag: _____

Frühstück: Mittagessen:

_____ _____
_____ _____
_____ _____
_____ _____
_____ _____
_____ _____
_____ _____
_____ _____
_____ _____
_____ _____
_____ _____

Gesamt: _____ kcal Gesamt: _____ kcal

Abendessen: Snacks / Zwischenmahlzeiten:

_____ _____
_____ _____
_____ _____
_____ _____
_____ _____
_____ _____
_____ _____
_____ _____
_____ _____
_____ _____
_____ _____

Gesamt: _____ kcal Gesamt: _____ kcal

Tagesziel: _____ Tagessumme: _____

Datum: _____   Wochentag: _____

Frühstück: Mittagessen:
_____ _____
_____ _____
_____ _____
_____ _____
_____ _____
_____ _____
_____ _____
_____ _____
_____ _____

Gesamt: _____ kcal Gesamt: _____ kcal

Abendessen: Snacks / Zwischenmahlzeiten:
_____ _____
_____ _____
_____ _____
_____ _____
_____ _____
_____ _____
_____ _____
_____ _____
_____ _____

Gesamt: _____ kcal Gesamt: _____ kcal

Tagesziel: _____ Tagessumme: _____

Datum: _____   Wochentag: _____

Frühstück: Mittagessen:

_____   _____
_____   _____
_____   _____
_____   _____
_____   _____
_____   _____
_____   _____
_____   _____
_____   _____

Gesamt: _____ kcal   Gesamt: _____ kcal

Abendessen: Snacks / Zwischenmahlzeiten:

_____   _____
_____   _____
_____   _____
_____   _____
_____   _____
_____   _____
_____   _____
_____   _____
_____   _____

Gesamt: _____ kcal   Gesamt: _____ kcal

Tagesziel: _____   Tagessumme: _____

Datum: _____ Wochentag: _____

Frühstück: Mittagessen:

_____ _____
_____ _____
_____ _____
_____ _____
_____ _____
_____ _____
_____ _____
_____ _____
_____ _____

Gesamt: _____ kcal Gesamt: _____ kcal

Abendessen: Snacks / Zwischenmahlzeiten:

_____ _____
_____ _____
_____ _____
_____ _____
_____ _____
_____ _____
_____ _____
_____ _____
_____ _____

Gesamt: _____ kcal Gesamt: _____ kcal

Tagesziel: _____ Tagessumme: _____

Datum: _____   Wochentag: _____

Frühstück: Mittagessen:

_____ _____
_____ _____
_____ _____
_____ _____
_____ _____
_____ _____
_____ _____
_____ _____
_____ _____
_____ _____

Gesamt: _____ kcal Gesamt: _____ kcal

Abendessen: Snacks / Zwischenmahlzeiten:

_____ _____
_____ _____
_____ _____
_____ _____
_____ _____
_____ _____
_____ _____
_____ _____
_____ _____
_____ _____

Gesamt: _____ kcal Gesamt: _____ kcal

Tagesziel: _____   Tagessumme: _____

Datum: _____   Wochentag: _____

Frühstück: Mittagessen:

_____   _____
_____   _____
_____   _____
_____   _____
_____   _____
_____   _____
_____   _____
_____   _____
_____   _____

Gesamt: _____ kcal Gesamt: _____ kcal

Abendessen: Snacks / Zwischenmahlzeiten:

_____   _____
_____   _____
_____   _____
_____   _____
_____   _____
_____   _____
_____   _____
_____   _____
_____   _____

Gesamt: _____ kcal Gesamt: _____ kcal

Tagesziel: _____ Tagessumme: _____

Datum: _____   Wochentag: _____

Frühstück: Mittagessen:

_____   _____
_____   _____
_____   _____
_____   _____
_____   _____
_____   _____
_____   _____
_____   _____
_____   _____

Gesamt: _____ kcal Gesamt: _____ kcal

Abendessen: Snacks / Zwischenmahlzeiten:

_____   _____
_____   _____
_____   _____
_____   _____
_____   _____
_____   _____
_____   _____
_____   _____
_____   _____

Gesamt: _____ kcal Gesamt: _____ kcal

Tagesziel: _____ Tagessumme: _____

Datum: _____   Wochentag: _____

Frühstück: Mittagessen:

_____   _____
_____   _____
_____   _____
_____   _____
_____   _____
_____   _____
_____   _____
_____   _____
_____   _____
_____   _____

Gesamt: _____ kcal Gesamt: _____ kcal

Abendessen: Snacks / Zwischenmahlzeiten:

_____   _____
_____   _____
_____   _____
_____   _____
_____   _____
_____   _____
_____   _____
_____   _____
_____   _____
_____   _____

Gesamt: _____ kcal Gesamt: _____ kcal

Tagesziel: _____ Tagessumme: _____

Datum: _____   Wochentag: _____

Frühstück: Mittagessen:

_____   _____
_____   _____
_____   _____
_____   _____
_____   _____
_____   _____
_____   _____
_____   _____
_____   _____

Gesamt: _____ kcal **Gesamt:** _____ kcal

Abendessen: Snacks / Zwischenmahlzeiten:

_____   _____
_____   _____
_____   _____
_____   _____
_____   _____
_____   _____
_____   _____
_____   _____
_____   _____

Gesamt: _____ kcal **Gesamt:** _____ kcal

Tagesziel: _____ Tagessumme: _____

Datum: _____   Wochentag: _____

Frühstück: Mittagessen:

_____   _____
_____   _____
_____   _____
_____   _____
_____   _____
_____   _____
_____   _____
_____   _____
_____   _____
_____   _____

Gesamt: _____ kcal   **Gesamt: _____ kcal**

Abendessen: Snacks / Zwischenmahlzeiten:

_____   _____
_____   _____
_____   _____
_____   _____
_____   _____
_____   _____
_____   _____
_____   _____
_____   _____
_____   _____

Gesamt: _____ kcal   **Gesamt: _____ kcal**

Tagesziel: _____   Tagessumme: _____

Datum: _____   Wochentag: _____

Frühstück: Mittagessen:

_____   _____
_____   _____
_____   _____
_____   _____
_____   _____
_____   _____
_____   _____
_____   _____
_____   _____
_____   _____

Gesamt: _____ kcal   Gesamt: _____ kcal

Abendessen: Snacks / Zwischenmahlzeiten:

_____   _____
_____   _____
_____   _____
_____   _____
_____   _____
_____   _____
_____   _____
_____   _____
_____   _____
_____   _____

Gesamt: _____ kcal   Gesamt: _____ kcal

Tagesziel: _____   Tagessumme: _____

Datum: _____   Wochentag: _____

Frühstück: Mittagessen:

_____   _____
_____   _____
_____   _____
_____   _____
_____   _____
_____   _____
_____   _____
_____   _____
_____   _____

Gesamt: _____ kcal   Gesamt: _____ kcal

Abendessen: Snacks / Zwischenmahlzeiten:

_____   _____
_____   _____
_____   _____
_____   _____
_____   _____
_____   _____
_____   _____
_____   _____
_____   _____

Gesamt: _____ kcal   Gesamt: _____ kcal

Tagesziel: _____   Tagessumme: _____

Datum: _____   Wochentag: _____

Frühstück: Mittagessen:

_____   _____
_____   _____
_____   _____
_____   _____
_____   _____
_____   _____
_____   _____
_____   _____
_____   _____
_____   _____

Gesamt: _____ kcal   Gesamt: _____ kcal

Abendessen: Snacks / Zwischenmahlzeiten:

_____   _____
_____   _____
_____   _____
_____   _____
_____   _____
_____   _____
_____   _____
_____   _____
_____   _____
_____   _____

Gesamt: _____ kcal   Gesamt: _____ kcal

Tagesziel: _____   Tagessumme: _____

Datum: _____   Wochentag: _____

Frühstück: Mittagessen:

_____ _____
_____ _____
_____ _____
_____ _____
_____ _____
_____ _____
_____ _____
_____ _____
_____ _____
_____ _____

Gesamt: _____ kcal   Gesamt: _____ kcal

Abendessen: Snacks / Zwischenmahlzeiten:

_____ _____
_____ _____
_____ _____
_____ _____
_____ _____
_____ _____
_____ _____
_____ _____
_____ _____
_____ _____

Gesamt: _____ kcal   Gesamt: _____ kcal

Tagesziel: _____ Tagessumme: _____

Datum: _____   Wochentag: _____

Frühstück: Mittagessen:

_____   _____
_____   _____
_____   _____
_____   _____
_____   _____
_____   _____
_____   _____
_____   _____
_____   _____
_____   _____

Gesamt: _____ kcal Gesamt: _____ kcal

Abendessen: Snacks / Zwischenmahlzeiten:

_____   _____
_____   _____
_____   _____
_____   _____
_____   _____
_____   _____
_____   _____
_____   _____
_____   _____
_____   _____

Gesamt: _____ kcal Gesamt: _____ kcal

Tagesziel: _____ Tagessumme: _____

Datum: _____   Wochentag: _____

Frühstück: Mittagessen:

_____   _____
_____   _____
_____   _____
_____   _____
_____   _____
_____   _____
_____   _____
_____   _____
_____   _____
_____   _____

Gesamt: _____ kcal   Gesamt: _____ kcal

Abendessen: Snacks / Zwischenmahlzeiten:

_____   _____
_____   _____
_____   _____
_____   _____
_____   _____
_____   _____
_____   _____
_____   _____
_____   _____
_____   _____

Gesamt: _____ kcal   Gesamt: _____ kcal

Tagesziel: _____ Tagessumme: _____

Datum: _____   Wochentag: _____

Frühstück: Mittagessen:

_____   _____
_____   _____
_____   _____
_____   _____
_____   _____
_____   _____
_____   _____
_____   _____
_____   _____
_____   _____

Gesamt: _____ kcal   Gesamt: _____ kcal

Abendessen: Snacks / Zwischenmahlzeiten:

_____   _____
_____   _____
_____   _____
_____   _____
_____   _____
_____   _____
_____   _____
_____   _____
_____   _____
_____   _____

Gesamt: _____ kcal   Gesamt: _____ kcal

Tagesziel: _____   Tagessumme: _____

Datum: _____   Wochentag: _____

Frühstück: Mittagessen:

_____   _____
_____   _____
_____   _____
_____   _____
_____   _____
_____   _____
_____   _____
_____   _____
_____   _____

Gesamt: _____ kcal   Gesamt: _____ kcal

Abendessen: Snacks / Zwischenmahlzeiten:

_____   _____
_____   _____
_____   _____
_____   _____
_____   _____
_____   _____
_____   _____
_____   _____
_____   _____

Gesamt: _____ kcal   Gesamt: _____ kcal

Tagesziel: _____   Tagessumme: _____

Datum: _____   Wochentag: _____

Frühstück: Mittagessen:

_____   _____
_____   _____
_____   _____
_____   _____
_____   _____
_____   _____
_____   _____
_____   _____
_____   _____
_____   _____

Gesamt: _____ kcal   Gesamt: _____ kcal

Abendessen: Snacks / Zwischenmahlzeiten:

_____   _____
_____   _____
_____   _____
_____   _____
_____   _____
_____   _____
_____   _____
_____   _____
_____   _____
_____   _____

Gesamt: _____ kcal   Gesamt: _____ kcal

Tagesziel: _____ Tagessumme: _____

Datum: _____ Wochentag: _____

Frühstück: Mittagessen:

_____ _____
_____ _____
_____ _____
_____ _____
_____ _____
_____ _____
_____ _____
_____ _____
_____ _____

Gesamt: _____ kcal Gesamt: _____ kcal

Abendessen: Snacks / Zwischenmahlzeiten:

_____ _____
_____ _____
_____ _____
_____ _____
_____ _____
_____ _____
_____ _____
_____ _____
_____ _____

Gesamt: _____ kcal Gesamt: _____ kcal

Tagesziel: _____ Tagessumme: _____

Datum: _____ Wochentag: _____

Frühstück: Mittagessen:

_____ _____
_____ _____
_____ _____
_____ _____
_____ _____
_____ _____
_____ _____
_____ _____
_____ _____
_____ _____

Gesamt: _____ kcal Gesamt: _____ kcal

Abendessen: Snacks / Zwischenmahlzeiten:

_____ _____
_____ _____
_____ _____
_____ _____
_____ _____
_____ _____
_____ _____
_____ _____
_____ _____
_____ _____

Gesamt: _____ kcal Gesamt: _____ kcal

Tagesziel: _____ Tagessumme: _____

Datum: _____   Wochentag: _____

Frühstück: Mittagessen:

_____ _____
_____ _____
_____ _____
_____ _____
_____ _____
_____ _____
_____ _____
_____ _____

Gesamt: _____ kcal   Gesamt: _____ kcal

Abendessen: Snacks / Zwischenmahlzeiten:

_____ _____
_____ _____
_____ _____
_____ _____
_____ _____
_____ _____
_____ _____
_____ _____

Gesamt: _____ kcal   Gesamt: _____ kcal

Tagesziel: _____   Tagessumme: _____

Datum: _____ Wochentag: _____

Frühstück: Mittagessen:

_____ _____
_____ _____
_____ _____
_____ _____
_____ _____
_____ _____
_____ _____
_____ _____
_____ _____
_____ _____

Gesamt: _____ kcal Gesamt: _____ kcal

Abendessen: Snacks / Zwischenmahlzeiten:

_____ _____
_____ _____
_____ _____
_____ _____
_____ _____
_____ _____
_____ _____
_____ _____
_____ _____
_____ _____

Gesamt: _____ kcal Gesamt: _____ kcal

Tagesziel: _____ Tagessumme: _____

Datum: _____   Wochentag: _____

Frühstück: Mittagessen:
_____   _____
_____   _____
_____   _____
_____   _____
_____   _____
_____   _____
_____   _____
_____   _____
_____   _____

Gesamt: _____ kcal   Gesamt: _____ kcal

Abendessen: Snacks / Zwischenmahlzeiten:
_____   _____
_____   _____
_____   _____
_____   _____
_____   _____
_____   _____
_____   _____
_____   _____
_____   _____

Gesamt: _____ kcal   Gesamt: _____ kcal

Tagesziel: _____   Tagessumme: _____

Datum: _____   Wochentag: _____

Frühstück: Mittagessen:

_____ _____
_____ _____
_____ _____
_____ _____
_____ _____
_____ _____
_____ _____
_____ _____
_____ _____

Gesamt: _____ kcal   Gesamt: _____ kcal

Abendessen: Snacks / Zwischenmahlzeiten:

_____ _____
_____ _____
_____ _____
_____ _____
_____ _____
_____ _____
_____ _____
_____ _____
_____ _____

Gesamt: _____ kcal   Gesamt: _____ kcal

Tagesziel: _____   Tagessumme: _____

Datum: _____   Wochentag: _____

Frühstück: Mittagessen:

_____   _____
_____   _____
_____   _____
_____   _____
_____   _____
_____   _____
_____   _____
_____   _____
_____   _____

Gesamt: _____ kcal   Gesamt: _____ kcal

Abendessen: Snacks / Zwischenmahlzeiten:

_____   _____
_____   _____
_____   _____
_____   _____
_____   _____
_____   _____
_____   _____
_____   _____
_____   _____

Gesamt: _____ kcal   Gesamt: _____ kcal

Tagesziel: _____   Tagessumme: _____

Datum: _____   Wochentag: _____

Frühstück: Mittagessen:

_____   _____
_____   _____
_____   _____
_____   _____
_____   _____
_____   _____
_____   _____
_____   _____
_____   _____
_____   _____

Gesamt: _____ kcal   Gesamt: _____ kcal

Abendessen: Snacks / Zwischenmahlzeiten:

_____   _____
_____   _____
_____   _____
_____   _____
_____   _____
_____   _____
_____   _____
_____   _____
_____   _____
_____   _____

Gesamt: _____ kcal   Gesamt: _____ kcal

Tagesziel: _____   Tagessumme: _____

Datum: _____ Wochentag: _____

Frühstück: Mittagessen:

_____ _____
_____ _____
_____ _____
_____ _____
_____ _____
_____ _____
_____ _____
_____ _____
_____ _____

Gesamt: _____ kcal Gesamt: _____ kcal

Abendessen: Snacks / Zwischenmahlzeiten:

_____ _____
_____ _____
_____ _____
_____ _____
_____ _____
_____ _____
_____ _____
_____ _____
_____ _____

Gesamt: _____ kcal Gesamt: _____ kcal

Tagesziel: _____ Tagessumme: _____

Datum: _____   Wochentag: _____

Frühstück: Mittagessen:

_____   _____
_____   _____
_____   _____
_____   _____
_____   _____
_____   _____
_____   _____
_____   _____
_____   _____
_____   _____

Gesamt: _____ kcal   **Gesamt:** _____ kcal

Abendessen: Snacks / Zwischenmahlzeiten:

_____   _____
_____   _____
_____   _____
_____   _____
_____   _____
_____   _____
_____   _____
_____   _____
_____   _____
_____   _____

Gesamt: _____ kcal   **Gesamt:** _____ kcal

Tagesziel: _____   Tagessumme: _____

Datum: _____ Wochentag: _____

Frühstück: Mittagessen:

_____ _____
_____ _____
_____ _____
_____ _____
_____ _____
_____ _____
_____ _____
_____ _____
_____ _____
_____ _____

Gesamt: _____ kcal Gesamt: _____ kcal

Abendessen: Snacks / Zwischenmahlzeiten:

_____ _____
_____ _____
_____ _____
_____ _____
_____ _____
_____ _____
_____ _____
_____ _____
_____ _____
_____ _____

Gesamt: _____ kcal Gesamt: _____ kcal

Tagesziel: _____ Tagessumme: _____

Datum: _____   Wochentag: _____

Frühstück: Mittagessen:

_____   _____
_____   _____
_____   _____
_____   _____
_____   _____
_____   _____
_____   _____
_____   _____
_____   _____
_____   _____

Gesamt: _____ kcal   Gesamt: _____ kcal

Abendessen: Snacks / Zwischenmahlzeiten:

_____   _____
_____   _____
_____   _____
_____   _____
_____   _____
_____   _____
_____   _____
_____   _____
_____   _____
_____   _____

Gesamt: _____ kcal   Gesamt: _____ kcal

Tagesziel: _____   Tagessumme: _____

Datum: _____   Wochentag: _____

Frühstück: Mittagessen:

_____   _____
_____   _____
_____   _____
_____   _____
_____   _____
_____   _____
_____   _____
_____   _____
_____   _____

Gesamt: _____ kcal   Gesamt: _____ kcal

Abendessen: Snacks / Zwischenmahlzeiten:

_____   _____
_____   _____
_____   _____
_____   _____
_____   _____
_____   _____
_____   _____
_____   _____
_____   _____

Gesamt: _____ kcal   Gesamt: _____ kcal

Tagesziel: _____ Tagessumme: _____

Datum: _____   Wochentag: _____

Frühstück: Mittagessen:
_____   _____
_____   _____
_____   _____
_____   _____
_____   _____
_____   _____
_____   _____
_____   _____
_____   _____
_____   _____

Gesamt: _____ kcal Gesamt: _____ kcal

Abendessen: Snacks / Zwischenmahlzeiten:
_____   _____
_____   _____
_____   _____
_____   _____
_____   _____
_____   _____
_____   _____
_____   _____
_____   _____
_____   _____

Gesamt: _____ kcal Gesamt: _____ kcal

Tagesziel: _____ Tagessumme: _____

Datum: _____   Wochentag: _____

Frühstück: Mittagessen:

_____   _____
_____   _____
_____   _____
_____   _____
_____   _____
_____   _____
_____   _____
_____   _____
_____   _____

Gesamt: _____ kcal   **Gesamt: _____ kcal**

Abendessen: Snacks / Zwischenmahlzeiten:

_____   _____
_____   _____
_____   _____
_____   _____
_____   _____
_____   _____
_____   _____
_____   _____
_____   _____

Gesamt: _____ kcal   **Gesamt: _____ kcal**

Tagesziel: _____   Tagessumme: _____

Datum: _____   Wochentag: _____

Frühstück: Mittagessen:

_____ _____
_____ _____
_____ _____
_____ _____
_____ _____
_____ _____
_____ _____
_____ _____
_____ _____

Gesamt: _____ kcal   Gesamt: _____ kcal

Abendessen: Snacks / Zwischenmahlzeiten:

_____ _____
_____ _____
_____ _____
_____ _____
_____ _____
_____ _____
_____ _____
_____ _____
_____ _____

Gesamt: _____ kcal   Gesamt: _____ kcal

Tagesziel: _____   Tagessumme: _____

Datum: _____ Wochentag: _____

Frühstück: Mittagessen:

_____ _____
_____ _____
_____ _____
_____ _____
_____ _____
_____ _____
_____ _____
_____ _____
_____ _____

Gesamt: _____ kcal Gesamt: _____ kcal

Abendessen: Snacks / Zwischenmahlzeiten:

_____ _____
_____ _____
_____ _____
_____ _____
_____ _____
_____ _____
_____ _____
_____ _____
_____ _____

Gesamt: _____ kcal Gesamt: _____ kcal

Tagesziel: _____ Tagessumme: _____

Datum: _____   Wochentag: _____

Frühstück: Mittagessen:

_____   _____
_____   _____
_____   _____
_____   _____
_____   _____
_____   _____
_____   _____
_____   _____
_____   _____
_____   _____

Gesamt: _____ kcal   Gesamt: _____ kcal

Abendessen: Snacks / Zwischenmahlzeiten:

_____   _____
_____   _____
_____   _____
_____   _____
_____   _____
_____   _____
_____   _____
_____   _____
_____   _____
_____   _____

Gesamt: _____ kcal   Gesamt: _____ kcal

Tagesziel: _____ Tagessumme: _____

Datum: _____   Wochentag: _____

Frühstück: Mittagessen:

_____   _____
_____   _____
_____   _____
_____   _____
_____   _____
_____   _____
_____   _____
_____   _____
_____   _____

Gesamt: _____ kcal   Gesamt: _____ kcal

Abendessen: Snacks / Zwischenmahlzeiten:

_____   _____
_____   _____
_____   _____
_____   _____
_____   _____
_____   _____
_____   _____
_____   _____
_____   _____

Gesamt: _____ kcal   Gesamt: _____ kcal

Tagesziel: _____ Tagessumme: _____

Datum: _____ Wochentag: _____

Frühstück: Mittagessen:

_____ _____
_____ _____
_____ _____
_____ _____
_____ _____
_____ _____
_____ _____
_____ _____
_____ _____
_____ _____

Gesamt: _____ kcal Gesamt: _____ kcal

Abendessen: Snacks / Zwischenmahlzeiten:

_____ _____
_____ _____
_____ _____
_____ _____
_____ _____
_____ _____
_____ _____
_____ _____
_____ _____
_____ _____

Gesamt: _____ kcal Gesamt: _____ kcal

Tagesziel: _____ Tagessumme: _____

Datum: _____   Wochentag: _____

Frühstück: Mittagessen:

_____   _____
_____   _____
_____   _____
_____   _____
_____   _____
_____   _____
_____   _____
_____   _____
_____   _____

Gesamt: _____ kcal   Gesamt: _____ kcal

Abendessen: Snacks / Zwischenmahlzeiten:

_____   _____
_____   _____
_____   _____
_____   _____
_____   _____
_____   _____
_____   _____
_____   _____
_____   _____

Gesamt: _____ kcal   Gesamt: _____ kcal

Tagesziel: _____   Tagessumme: _____

Datum: _____   Wochentag: _____

Frühstück: Mittagessen:

_____   _____
_____   _____
_____   _____
_____   _____
_____   _____
_____   _____
_____   _____
_____   _____
_____   _____
_____   _____

Gesamt: _____ kcal **Gesamt:** _____ kcal

Abendessen: Snacks / Zwischenmahlzeiten:

_____   _____
_____   _____
_____   _____
_____   _____
_____   _____
_____   _____
_____   _____
_____   _____
_____   _____
_____   _____

Gesamt: _____ kcal **Gesamt:** _____ kcal

Tagesziel: _____ Tagessumme: _____

Datum: _____   Wochentag: _____

Frühstück: Mittagessen:

_____   _____
_____   _____
_____   _____
_____   _____
_____   _____
_____   _____
_____   _____
_____   _____
_____   _____
_____   _____

Gesamt: _____ kcal   Gesamt: _____ kcal

Abendessen: Snacks / Zwischenmahlzeiten:

_____   _____
_____   _____
_____   _____
_____   _____
_____   _____
_____   _____
_____   _____
_____   _____
_____   _____
_____   _____

Gesamt: _____ kcal   Gesamt: _____ kcal

Tagesziel: _____   Tagessumme: _____

Datum: _____   Wochentag: _____

Frühstück: Mittagessen:

_____   _____
_____   _____
_____   _____
_____   _____
_____   _____
_____   _____
_____   _____
_____   _____
_____   _____
_____   _____

Gesamt: _____ kcal   Gesamt: _____ kcal

Abendessen: Snacks / Zwischenmahlzeiten:

_____   _____
_____   _____
_____   _____
_____   _____
_____   _____
_____   _____
_____   _____
_____   _____
_____   _____
_____   _____

Gesamt: _____ kcal   Gesamt: _____ kcal

Tagesziel: _____   Tagessumme: _____

Datum: _____   Wochentag: _____

Frühstück: Mittagessen:

_____   _____
_____   _____
_____   _____
_____   _____
_____   _____
_____   _____
_____   _____
_____   _____
_____   _____

Gesamt: _____ kcal **Gesamt:** _____ kcal

Abendessen: Snacks / Zwischenmahlzeiten:

_____   _____
_____   _____
_____   _____
_____   _____
_____   _____
_____   _____
_____   _____
_____   _____
_____   _____

Gesamt: _____ kcal **Gesamt:** _____ kcal

Tagesziel: _____   Tagessumme: _____

Datum: _____   Wochentag: _____

Frühstück: Mittagessen:

_____   _____
_____   _____
_____   _____
_____   _____
_____   _____
_____   _____
_____   _____
_____   _____
_____   _____
_____   _____
_____   _____

Gesamt: _____ kcal   Gesamt: _____ kcal

Abendessen: Snacks / Zwischenmahlzeiten:

_____   _____
_____   _____
_____   _____
_____   _____
_____   _____
_____   _____
_____   _____
_____   _____
_____   _____
_____   _____
_____   _____

Gesamt: _____ kcal   Gesamt: _____ kcal

Tagesziel: _____   Tagessumme: _____

Datum: _____   Wochentag: _____

Frühstück: Mittagessen:

_____   _____
_____   _____
_____   _____
_____   _____
_____   _____
_____   _____
_____   _____
_____   _____

Gesamt: _____ kcal   Gesamt: _____ kcal

Abendessen: Snacks / Zwischenmahlzeiten:

_____   _____
_____   _____
_____   _____
_____   _____
_____   _____
_____   _____
_____   _____
_____   _____

Gesamt: _____ kcal   Gesamt: _____ kcal

Tagesziel: _____ Tagessumme: _____

Datum: _____ Wochentag: _____

Frühstück: Mittagessen:

_____   _____
_____   _____
_____   _____
_____   _____
_____   _____
_____   _____
_____   _____
_____   _____
_____   _____

Gesamt: _____ kcal   **Gesamt:** _____ kcal

Abendessen: Snacks / Zwischenmahlzeiten:

_____   _____
_____   _____
_____   _____
_____   _____
_____   _____
_____   _____
_____   _____
_____   _____
_____   _____

Gesamt: _____ kcal   **Gesamt:** _____ kcal

Tagesziel: _____ Tagessumme: _____

Datum: _____   Wochentag: _____

Frühstück: Mittagessen:

_____   _____
_____   _____
_____   _____
_____   _____
_____   _____
_____   _____
_____   _____
_____   _____
_____   _____

Gesamt: _____ kcal   Gesamt: _____ kcal

Abendessen: Snacks / Zwischenmahlzeiten:

_____   _____
_____   _____
_____   _____
_____   _____
_____   _____
_____   _____
_____   _____
_____   _____
_____   _____

Gesamt: _____ kcal   Gesamt: _____ kcal

Tagesziel: _____   Tagessumme: _____

Datum: _____   Wochentag: _____

Frühstück: Mittagessen:

_____   _____
_____   _____
_____   _____
_____   _____
_____   _____
_____   _____
_____   _____
_____   _____
_____   _____
_____   _____

Gesamt: _____ kcal   Gesamt: _____ kcal

Abendessen: Snacks / Zwischenmahlzeiten:

_____   _____
_____   _____
_____   _____
_____   _____
_____   _____
_____   _____
_____   _____
_____   _____
_____   _____
_____   _____

Gesamt: _____ kcal   Gesamt: _____ kcal

Tagesziel: _____   Tagessumme: _____

Datum: _____   Wochentag: _____

Frühstück: Mittagessen:

_____   _____
_____   _____
_____   _____
_____   _____
_____   _____
_____   _____
_____   _____
_____   _____
_____   _____
_____   _____

Gesamt: _____ kcal   **Gesamt: _____ kcal**

Abendessen: Snacks / Zwischenmahlzeiten:

_____   _____
_____   _____
_____   _____
_____   _____
_____   _____
_____   _____
_____   _____
_____   _____
_____   _____
_____   _____

Gesamt: _____ kcal   **Gesamt: _____ kcal**

Tagesziel: _____   Tagessumme: _____

Datum: _____   Wochentag: _____

Frühstück: Mittagessen:

_____   _____
_____   _____
_____   _____
_____   _____
_____   _____
_____   _____
_____   _____
_____   _____
_____   _____
_____   _____

Gesamt: _____ kcal   Gesamt: _____ kcal

Abendessen: Snacks / Zwischenmahlzeiten:

_____   _____
_____   _____
_____   _____
_____   _____
_____   _____
_____   _____
_____   _____
_____   _____
_____   _____
_____   _____

Gesamt: _____ kcal   Gesamt: _____ kcal

Tagesziel: _____   Tagessumme: _____

Datum: _____   Wochentag: _____

Frühstück: Mittagessen:

_____   _____
_____   _____
_____   _____
_____   _____
_____   _____
_____   _____
_____   _____
_____   _____

Gesamt: _____ kcal   Gesamt: _____ kcal

Abendessen: Snacks / Zwischenmahlzeiten:

_____   _____
_____   _____
_____   _____
_____   _____
_____   _____
_____   _____
_____   _____
_____   _____

Gesamt: _____ kcal   Gesamt: _____ kcal

Tagesziel: _____   Tagessumme: _____

Datum: _____   Wochentag: _____

Frühstück: Mittagessen:

_____   _____
_____   _____
_____   _____
_____   _____
_____   _____
_____   _____
_____   _____
_____   _____
_____   _____
_____   _____

Gesamt: _____ kcal   Gesamt: _____ kcal

Abendessen: Snacks / Zwischenmahlzeiten:

_____   _____
_____   _____
_____   _____
_____   _____
_____   _____
_____   _____
_____   _____
_____   _____
_____   _____
_____   _____

Gesamt: _____ kcal   Gesamt: _____ kcal

Tagesziel: _____   Tagessumme: _____

Datum: _____   Wochentag: _____

Frühstück: Mittagessen:

_____   _____
_____   _____
_____   _____
_____   _____
_____   _____
_____   _____
_____   _____
_____   _____

Gesamt: _____ kcal   Gesamt: _____ kcal

Abendessen: Snacks / Zwischenmahlzeiten:

_____   _____
_____   _____
_____   _____
_____   _____
_____   _____
_____   _____
_____   _____
_____   _____

Gesamt: _____ kcal   Gesamt: _____ kcal

Tagesziel: _____   Tagessumme: _____

Datum: _____   Wochentag: _____

Frühstück: Mittagessen:

_____ _____
_____ _____
_____ _____
_____ _____
_____ _____
_____ _____
_____ _____
_____ _____
_____ _____
_____ _____

Gesamt: _____ kcal   Gesamt: _____ kcal

Abendessen: Snacks / Zwischenmahlzeiten:

_____ _____
_____ _____
_____ _____
_____ _____
_____ _____
_____ _____
_____ _____
_____ _____
_____ _____
_____ _____

Gesamt: _____ kcal   Gesamt: _____ kcal

Tagesziel: _____ Tagessumme: _____

Datum: _____   Wochentag: _____

Frühstück: Mittagessen:

_____   _____
_____   _____
_____   _____
_____   _____
_____   _____
_____   _____
_____   _____
_____   _____
_____   _____
_____   _____

Gesamt: _____ kcal   Gesamt: _____ kcal

Abendessen: Snacks / Zwischenmahlzeiten:

_____   _____
_____   _____
_____   _____
_____   _____
_____   _____
_____   _____
_____   _____
_____   _____
_____   _____
_____   _____

Gesamt: _____ kcal   Gesamt: _____ kcal

Tagesziel: _____ Tagessumme: _____

Datum: _____ Wochentag: _____

Frühstück: Mittagessen:

_____ _____
_____ _____
_____ _____
_____ _____
_____ _____
_____ _____
_____ _____
_____ _____
_____ _____
_____ _____

Gesamt: _____ kcal Gesamt: _____ kcal

Abendessen: Snacks / Zwischenmahlzeiten:

_____ _____
_____ _____
_____ _____
_____ _____
_____ _____
_____ _____
_____ _____
_____ _____
_____ _____
_____ _____

Gesamt: _____ kcal Gesamt: _____ kcal

Tagesziel: _____ Tagessumme: _____

Datum: _____   Wochentag: _____

Frühstück: Mittagessen:

_____ _____
_____ _____
_____ _____
_____ _____
_____ _____
_____ _____
_____ _____
_____ _____
_____ _____

Gesamt: _____ kcal   Gesamt: _____ kcal

Abendessen: Snacks / Zwischenmahlzeiten:

_____ _____
_____ _____
_____ _____
_____ _____
_____ _____
_____ _____
_____ _____
_____ _____

Gesamt: _____ kcal   Gesamt: _____ kcal

Tagesziel: _____   Tagessumme: _____

Datum: _____   Wochentag: _____

Frühstück: Mittagessen:

_____   _____
_____   _____
_____   _____
_____   _____
_____   _____
_____   _____
_____   _____
_____   _____
_____   _____

Gesamt: _____ kcal Gesamt: _____ kcal

Abendessen: Snacks / Zwischenmahlzeiten:

_____   _____
_____   _____
_____   _____
_____   _____
_____   _____
_____   _____
_____   _____
_____   _____
_____   _____

Gesamt: _____ kcal Gesamt: _____ kcal

Tagesziel: _____   Tagessumme: _____

Datum: _____   Wochentag: _____

Frühstück: Mittagessen:

_____   _____
_____   _____
_____   _____
_____   _____
_____   _____
_____   _____
_____   _____
_____   _____
_____   _____

Gesamt: _____ kcal   Gesamt: _____ kcal

Abendessen: Snacks / Zwischenmahlzeiten:

_____   _____
_____   _____
_____   _____
_____   _____
_____   _____
_____   _____
_____   _____
_____   _____
_____   _____

Gesamt: _____ kcal   Gesamt: _____ kcal

Tagesziel: _____   Tagessumme: _____

Datum: _____   Wochentag: _____

Frühstück: Mittagessen:

_____   _____
_____   _____
_____   _____
_____   _____
_____   _____
_____   _____
_____   _____
_____   _____
_____   _____
_____   _____

Gesamt: _____ kcal Gesamt: _____ kcal

Abendessen: Snacks / Zwischenmahlzeiten:

_____   _____
_____   _____
_____   _____
_____   _____
_____   _____
_____   _____
_____   _____
_____   _____
_____   _____
_____   _____

Gesamt: _____ kcal Gesamt: _____ kcal

Tagesziel: _____ Tagessumme: _____

Datum: _____   Wochentag: _____

Frühstück: Mittagessen:

_____   _____
_____   _____
_____   _____
_____   _____
_____   _____
_____   _____
_____   _____
_____   _____
_____   _____

Gesamt: _____ kcal   **Gesamt:** _____ kcal

Abendessen: Snacks / Zwischenmahlzeiten:

_____   _____
_____   _____
_____   _____
_____   _____
_____   _____
_____   _____
_____   _____
_____   _____
_____   _____

Gesamt: _____ kcal   **Gesamt:** _____ kcal

Tagesziel: _____   Tagessumme: _____

Am liebsten esse ich immer nur Pellkartoffeln. Allerdings gern mit einem Klacks Kaviar und einem Glas Champagner dazu.

Elizabeth Taylor

Datum: _____   Wochentag: _____

Frühstück: Mittagessen:
_____   _____
_____   _____
_____   _____
_____   _____
_____   _____
_____   _____
_____   _____
_____   _____
_____   _____

Gesamt: _____ kcal Gesamt: _____ kcal

Abendessen: Snacks / Zwischenmahlzeiten:
_____   _____
_____   _____
_____   _____
_____   _____
_____   _____
_____   _____
_____   _____
_____   _____
_____   _____

Gesamt: _____ kcal Gesamt: _____ kcal

Tagesziel: _____ Tagessumme: _____

Datum: _____   Wochentag: _____

Frühstück: Mittagessen:

_____   _____
_____   _____
_____   _____
_____   _____
_____   _____
_____   _____
_____   _____
_____   _____
_____   _____
_____   _____

Gesamt: _____ kcal   Gesamt: _____ kcal

Abendessen: Snacks / Zwischenmahlzeiten:

_____   _____
_____   _____
_____   _____
_____   _____
_____   _____
_____   _____
_____   _____
_____   _____
_____   _____
_____   _____

Gesamt: _____ kcal   Gesamt: _____ kcal

Tagesziel: _____   Tagessumme: _____

Datum: _____   Wochentag: _____

Frühstück: Mittagessen:

_____   _____
_____   _____
_____   _____
_____   _____
_____   _____
_____   _____
_____   _____
_____   _____
_____   _____
_____   _____

Gesamt: _____ kcal   **Gesamt:** _____ kcal

Abendessen: Snacks / Zwischenmahlzeiten:

_____   _____
_____   _____
_____   _____
_____   _____
_____   _____
_____   _____
_____   _____
_____   _____
_____   _____
_____   _____

Gesamt: _____ kcal   **Gesamt:** _____ kcal

Tagesziel: _____ Tagessumme: _____

Datum: _____   Wochentag: _____

Frühstück: Mittagessen:

_____   _____
_____   _____
_____   _____
_____   _____
_____   _____
_____   _____
_____   _____
_____   _____
_____   _____
_____   _____

Gesamt: _____ kcal   Gesamt: _____ kcal

Abendessen: Snacks / Zwischenmahlzeiten:

_____   _____
_____   _____
_____   _____
_____   _____
_____   _____
_____   _____
_____   _____
_____   _____
_____   _____
_____   _____

Gesamt: _____ kcal   Gesamt: _____ kcal

Tagesziel: _____   Tagessumme: _____

Datum: _____   Wochentag: _____

Frühstück: Mittagessen:

_____   _____
_____   _____
_____   _____
_____   _____
_____   _____
_____   _____
_____   _____
_____   _____
_____   _____
_____   _____

Gesamt: _____ kcal   Gesamt: _____ kcal

Abendessen: Snacks / Zwischenmahlzeiten:

_____   _____
_____   _____
_____   _____
_____   _____
_____   _____
_____   _____
_____   _____
_____   _____
_____   _____
_____   _____

Gesamt: _____ kcal   Gesamt: _____ kcal

Tagesziel: _____   Tagessumme: _____

Datum: _____   Wochentag: _____

Frühstück: Mittagessen:
_____   _____
_____   _____
_____   _____
_____   _____
_____   _____
_____   _____
_____   _____
_____   _____
_____   _____
_____   _____

Gesamt: _____ kcal   Gesamt: _____ kcal

Abendessen: Snacks / Zwischenmahlzeiten:
_____   _____
_____   _____
_____   _____
_____   _____
_____   _____
_____   _____
_____   _____
_____   _____
_____   _____
_____   _____

Gesamt: _____ kcal   Gesamt: _____ kcal

Tagesziel: _____   Tagessumme: _____

Datum: _____   Wochentag: _____

Frühstück: Mittagessen:

_____   _____
_____   _____
_____   _____
_____   _____
_____   _____
_____   _____
_____   _____
_____   _____
_____   _____
_____   _____

Gesamt: _____ kcal   Gesamt: _____ kcal

Abendessen: Snacks / Zwischenmahlzeiten:

_____   _____
_____   _____
_____   _____
_____   _____
_____   _____
_____   _____
_____   _____
_____   _____
_____   _____
_____   _____

Gesamt: _____ kcal   Gesamt: _____ kcal

Tagesziel: _____ Tagessumme: _____

Datum: _____ Wochentag: _____

Frühstück: Mittagessen:

_____ _____
_____ _____
_____ _____
_____ _____
_____ _____
_____ _____
_____ _____
_____ _____
_____ _____

Gesamt: _____ kcal Gesamt: _____ kcal

Abendessen: Snacks / Zwischenmahlzeiten:

_____ _____
_____ _____
_____ _____
_____ _____
_____ _____
_____ _____
_____ _____
_____ _____
_____ _____

Gesamt: _____ kcal Gesamt: _____ kcal

Tagesziel: _____ Tagessumme: _____

Datum: _____   Wochentag: _____

Frühstück: Mittagessen:

_____   _____
_____   _____
_____   _____
_____   _____
_____   _____
_____   _____
_____   _____
_____   _____
_____   _____
_____   _____

Gesamt: _____ kcal Gesamt: _____ kcal

Abendessen: Snacks / Zwischenmahlzeiten:

_____   _____
_____   _____
_____   _____
_____   _____
_____   _____
_____   _____
_____   _____
_____   _____
_____   _____
_____   _____

Gesamt: _____ kcal Gesamt: _____ kcal

Tagesziel: _____ Tagessumme: _____

Datum: _____   Wochentag: _____

Frühstück: Mittagessen:

_____   _____
_____   _____
_____   _____
_____   _____
_____   _____
_____   _____
_____   _____
_____   _____
_____   _____

Gesamt: _____ kcal   Gesamt: _____ kcal

Abendessen: Snacks / Zwischenmahlzeiten:

_____   _____
_____   _____
_____   _____
_____   _____
_____   _____
_____   _____
_____   _____
_____   _____
_____   _____

Gesamt: _____ kcal   Gesamt: _____ kcal

Tagesziel: _____   Tagessumme: _____

Datum: _____   Wochentag: _____

Frühstück: Mittagessen:

_____   _____
_____   _____
_____   _____
_____   _____
_____   _____
_____   _____
_____   _____
_____   _____
_____   _____
_____   _____

Gesamt: _____ kcal Gesamt: _____ kcal

Abendessen: Snacks / Zwischenmahlzeiten:

_____   _____
_____   _____
_____   _____
_____   _____
_____   _____
_____   _____
_____   _____
_____   _____
_____   _____
_____   _____

Gesamt: _____ kcal Gesamt: _____ kcal

Tagesziel: _____   Tagessumme: _____

Datum: _____   Wochentag: _____

Frühstück: Mittagessen:

_____   _____
_____   _____
_____   _____
_____   _____
_____   _____
_____   _____
_____   _____
_____   _____
_____   _____

Gesamt: _____ kcal   Gesamt: _____ kcal

Abendessen: Snacks / Zwischenmahlzeiten:

_____   _____
_____   _____
_____   _____
_____   _____
_____   _____
_____   _____
_____   _____
_____   _____
_____   _____

Gesamt: _____ kcal   Gesamt: _____ kcal

Tagesziel: _____   Tagessumme: _____

Datum: _____ Wochentag: _____

Frühstück: Mittagessen:

_____ _____
_____ _____
_____ _____
_____ _____
_____ _____
_____ _____
_____ _____
_____ _____

Gesamt: _____ kcal Gesamt: _____ kcal

Abendessen: Snacks / Zwischenmahlzeiten:

_____ _____
_____ _____
_____ _____
_____ _____
_____ _____
_____ _____
_____ _____
_____ _____

Gesamt: _____ kcal Gesamt: _____ kcal

Tagesziel: _____ Tagessumme: _____

Datum: _____   Wochentag: _____

Frühstück: Mittagessen:

_____   _____
_____   _____
_____   _____
_____   _____
_____   _____
_____   _____
_____   _____
_____   _____
_____   _____

Gesamt: _____ kcal   Gesamt: _____ kcal

Abendessen: Snacks / Zwischenmahlzeiten:

_____   _____
_____   _____
_____   _____
_____   _____
_____   _____
_____   _____
_____   _____
_____   _____
_____   _____

Gesamt: _____ kcal   Gesamt: _____ kcal

Tagesziel: _____ Tagessumme: _____

Datum: _____   Wochentag: _____

Frühstück: Mittagessen:

_____   _____
_____   _____
_____   _____
_____   _____
_____   _____
_____   _____
_____   _____
_____   _____
_____   _____

Gesamt: _____ kcal   **Gesamt:** _____ kcal

Abendessen: Snacks / Zwischenmahlzeiten:

_____   _____
_____   _____
_____   _____
_____   _____
_____   _____
_____   _____
_____   _____
_____   _____
_____   _____

Gesamt: _____ kcal   **Gesamt:** _____ kcal

Tagesziel: _____   Tagessumme: _____

Datum: _____ Wochentag: _____

Frühstück: Mittagessen:

_____ _____
_____ _____
_____ _____
_____ _____
_____ _____
_____ _____
_____ _____
_____ _____
_____ _____

Gesamt: _____ **kcal** **Gesamt:** _____ **kcal**

Abendessen: Snacks / Zwischenmahlzeiten:

_____ _____
_____ _____
_____ _____
_____ _____
_____ _____
_____ _____
_____ _____
_____ _____
_____ _____

Gesamt: _____ **kcal** **Gesamt:** _____ **kcal**

Tagesziel: _____ Tagessumme: _____

Datum: _____   Wochentag: _____

Frühstück: Mittagessen:

_____   _____
_____   _____
_____   _____
_____   _____
_____   _____
_____   _____
_____   _____
_____   _____
_____   _____
_____   _____

Gesamt: _____ kcal   Gesamt: _____ kcal

Abendessen: Snacks / Zwischenmahlzeiten:

_____   _____
_____   _____
_____   _____
_____   _____
_____   _____
_____   _____
_____   _____
_____   _____
_____   _____
_____   _____

Gesamt: _____ kcal   Gesamt: _____ kcal

Tagesziel: _____ Tagessumme: _____

Datum: _____   Wochentag: _____

Frühstück: Mittagessen:

_____   _____
_____   _____
_____   _____
_____   _____
_____   _____
_____   _____
_____   _____
_____   _____
_____   _____

Gesamt: _____ kcal   Gesamt: _____ kcal

Abendessen: Snacks / Zwischenmahlzeiten:

_____   _____
_____   _____
_____   _____
_____   _____
_____   _____
_____   _____
_____   _____
_____   _____
_____   _____

Gesamt: _____ kcal   Gesamt: _____ kcal

Tagesziel: _____   Tagessumme: _____

Datum: _____ Wochentag: _____

Frühstück: Mittagessen:

_____ _____
_____ _____
_____ _____
_____ _____
_____ _____
_____ _____
_____ _____
_____ _____
_____ _____

Gesamt: _____ kcal Gesamt: _____ kcal

Abendessen: Snacks / Zwischenmahlzeiten:

_____ _____
_____ _____
_____ _____
_____ _____
_____ _____
_____ _____
_____ _____
_____ _____
_____ _____

Gesamt: _____ kcal Gesamt: _____ kcal

Tagesziel: _____ Tagessumme: _____

Datum: _____   Wochentag: _____

Frühstück: Mittagessen:

_____   _____
_____   _____
_____   _____
_____   _____
_____   _____
_____   _____
_____   _____
_____   _____
_____   _____
_____   _____

Gesamt: _____ kcal   Gesamt: _____ kcal

Abendessen: Snacks / Zwischenmahlzeiten:

_____   _____
_____   _____
_____   _____
_____   _____
_____   _____
_____   _____
_____   _____
_____   _____
_____   _____
_____   _____

Gesamt: _____ kcal   Gesamt: _____ kcal

Tagesziel: _____   Tagessumme: _____

Datum: _____   Wochentag: _____

Frühstück: Mittagessen:

_____   _____
_____   _____
_____   _____
_____   _____
_____   _____
_____   _____
_____   _____
_____   _____
_____   _____

Gesamt: _____ kcal   Gesamt: _____ kcal

Abendessen: Snacks / Zwischenmahlzeiten:

_____   _____
_____   _____
_____   _____
_____   _____
_____   _____
_____   _____
_____   _____
_____   _____
_____   _____

Gesamt: _____ kcal   Gesamt: _____ kcal

Tagesziel: _____ Tagessumme: _____

Datum: _____   Wochentag: _____

Frühstück: Mittagessen:

_____ _____
_____ _____
_____ _____
_____ _____
_____ _____
_____ _____
_____ _____
_____ _____
_____ _____

Gesamt: _____ kcal   Gesamt: _____ kcal

Abendessen: Snacks / Zwischenmahlzeiten:

_____ _____
_____ _____
_____ _____
_____ _____
_____ _____
_____ _____
_____ _____
_____ _____
_____ _____

Gesamt: _____ kcal   Gesamt: _____ kcal

Tagesziel: _____   Tagessumme: _____

Datum: _____ Wochentag: _____

Frühstück: | **Mittagessen:**

_____ | _____
_____ | _____
_____ | _____
_____ | _____
_____ | _____
_____ | _____
_____ | _____
_____ | _____
_____ | _____

Gesamt: _____ kcal | **Gesamt:** _____ kcal

Abendessen: | **Snacks / Zwischenmahlzeiten:**

_____ | _____
_____ | _____
_____ | _____
_____ | _____
_____ | _____
_____ | _____
_____ | _____
_____ | _____
_____ | _____

Gesamt: _____ kcal | **Gesamt:** _____ kcal

Tagesziel: _____ Tagessumme: _____

Datum: _____   Wochentag: _____

Frühstück: Mittagessen:

_____   _____
_____   _____
_____   _____
_____   _____
_____   _____
_____   _____
_____   _____
_____   _____
_____   _____
_____   _____

Gesamt: _____ kcal   Gesamt: _____ kcal

Abendessen: Snacks / Zwischenmahlzeiten:

_____   _____
_____   _____
_____   _____
_____   _____
_____   _____
_____   _____
_____   _____
_____   _____
_____   _____
_____   _____

Gesamt: _____ kcal   Gesamt: _____ kcal

Tagesziel: _____   Tagessumme: _____

Datum: _____   Wochentag: _____

Frühstück: Mittagessen:

_____   _____
_____   _____
_____   _____
_____   _____
_____   _____
_____   _____
_____   _____
_____   _____
_____   _____

Gesamt: _____ kcal   Gesamt: _____ kcal

Abendessen: Snacks / Zwischenmahlzeiten:

_____   _____
_____   _____
_____   _____
_____   _____
_____   _____
_____   _____
_____   _____
_____   _____
_____   _____

Gesamt: _____ kcal   Gesamt: _____ kcal

Tagesziel: _____ Tagessumme: _____

Datum: _____ Wochentag: _____

Frühstück: Mittagessen:

_____ _____
_____ _____
_____ _____
_____ _____
_____ _____
_____ _____
_____ _____
_____ _____
_____ _____
_____ _____

Gesamt: _____ kcal   Gesamt: _____ kcal

Abendessen: Snacks / Zwischenmahlzeiten:

_____ _____
_____ _____
_____ _____
_____ _____
_____ _____
_____ _____
_____ _____
_____ _____
_____ _____
_____ _____

Gesamt: _____ kcal   Gesamt: _____ kcal

Tagesziel: _____ Tagessumme: _____

Datum: _____   Wochentag: _____

Frühstück: Mittagessen:

_____   _____
_____   _____
_____   _____
_____   _____
_____   _____
_____   _____
_____   _____
_____   _____
_____   _____
_____   _____

Gesamt: _____ kcal   Gesamt: _____ kcal

Abendessen: Snacks / Zwischenmahlzeiten:

_____   _____
_____   _____
_____   _____
_____   _____
_____   _____
_____   _____
_____   _____
_____   _____
_____   _____
_____   _____

Gesamt: _____ kcal   Gesamt: _____ kcal

Tagesziel: _____   Tagessumme: _____

Datum: _____   Wochentag: _____

Frühstück: Mittagessen:

_____   _____
_____   _____
_____   _____
_____   _____
_____   _____
_____   _____
_____   _____
_____   _____
_____   _____
_____   _____

Gesamt: _____ kcal Gesamt: _____ kcal

Abendessen: Snacks / Zwischenmahlzeiten:

_____   _____
_____   _____
_____   _____
_____   _____
_____   _____
_____   _____
_____   _____
_____   _____
_____   _____
_____   _____

Gesamt: _____ kcal Gesamt: _____ kcal

Tagesziel: _____ Tagessumme: _____

Datum: _____   Wochentag: _____

Frühstück: Mittagessen:

_____   _____
_____   _____
_____   _____
_____   _____
_____   _____
_____   _____
_____   _____
_____   _____
_____   _____

Gesamt: _____ **kcal**   **Gesamt:** _____ **kcal**

Abendessen: Snacks / Zwischenmahlzeiten:

_____   _____
_____   _____
_____   _____
_____   _____
_____   _____
_____   _____
_____   _____
_____   _____
_____   _____

Gesamt: _____ **kcal**   **Gesamt:** _____ **kcal**

Tagesziel: _____   Tagessumme: _____

Datum: _____   Wochentag: _____

Frühstück: Mittagessen:

_____   _____
_____   _____
_____   _____
_____   _____
_____   _____
_____   _____
_____   _____
_____   _____
_____   _____

Gesamt: _____ kcal   Gesamt: _____ kcal

Abendessen: Snacks / Zwischenmahlzeiten:

_____   _____
_____   _____
_____   _____
_____   _____
_____   _____
_____   _____
_____   _____
_____   _____
_____   _____

Gesamt: _____ kcal   Gesamt: _____ kcal

Tagesziel: _____   Tagessumme: _____

Datum: _____   Wochentag: _____

Frühstück: Mittagessen:

_____   _____
_____   _____
_____   _____
_____   _____
_____   _____
_____   _____
_____   _____
_____   _____
_____   _____

Gesamt: _____ kcal   Gesamt: _____ kcal

Abendessen: Snacks / Zwischenmahlzeiten:

_____   _____
_____   _____
_____   _____
_____   _____
_____   _____
_____   _____
_____   _____
_____   _____
_____   _____

Gesamt: _____ kcal   Gesamt: _____ kcal

Tagesziel: _____   Tagessumme: _____

Datum: _____ Wochentag: _____

Frühstück: Mittagessen:

_____ _____
_____ _____
_____ _____
_____ _____
_____ _____
_____ _____
_____ _____
_____ _____
_____ _____

Gesamt: _____ kcal Gesamt: _____ kcal

Abendessen: Snacks / Zwischenmahlzeiten:

_____ _____
_____ _____
_____ _____
_____ _____
_____ _____
_____ _____
_____ _____
_____ _____
_____ _____

Gesamt: _____ kcal Gesamt: _____ kcal

Tagesziel: _____ Tagessumme: _____

Datum: _____   Wochentag: _____

Frühstück: Mittagessen:

_____   _____
_____   _____
_____   _____
_____   _____
_____   _____
_____   _____
_____   _____
_____   _____
_____   _____
_____   _____

Gesamt: _____ kcal Gesamt: _____ kcal

Abendessen: Snacks / Zwischenmahlzeiten:

_____   _____
_____   _____
_____   _____
_____   _____
_____   _____
_____   _____
_____   _____
_____   _____
_____   _____
_____   _____

Gesamt: _____ kcal Gesamt: _____ kcal

Tagesziel: _____ Tagessumme: _____

Datum: _____   Wochentag: _____

Frühstück: Mittagessen:

_____   _____
_____   _____
_____   _____
_____   _____
_____   _____
_____   _____
_____   _____
_____   _____

Gesamt: _____ kcal   Gesamt: _____ kcal

Abendessen: Snacks / Zwischenmahlzeiten:

_____   _____
_____   _____
_____   _____
_____   _____
_____   _____
_____   _____
_____   _____
_____   _____

Gesamt: _____ kcal   Gesamt: _____ kcal

Tagesziel: _____   Tagessumme: _____

Datum: _____ Wochentag: _____

Frühstück: Mittagessen:

_____   _____
_____   _____
_____   _____
_____   _____
_____   _____
_____   _____
_____   _____
_____   _____
_____   _____
_____   _____

Gesamt: _____ kcal   Gesamt: _____ kcal

Abendessen: Snacks / Zwischenmahlzeiten:

_____   _____
_____   _____
_____   _____
_____   _____
_____   _____
_____   _____
_____   _____
_____   _____
_____   _____
_____   _____

Gesamt: _____ kcal   Gesamt: _____ kcal

Tagesziel: _____   Tagessumme: _____

Datum: _____   Wochentag: _____

Frühstück: Mittagessen:
_____ _____
_____ _____
_____ _____
_____ _____
_____ _____
_____ _____
_____ _____
_____ _____
_____ _____

Gesamt: _____ kcal Gesamt: _____ kcal

Abendessen: Snacks / Zwischenmahlzeiten:
_____ _____
_____ _____
_____ _____
_____ _____
_____ _____
_____ _____
_____ _____
_____ _____
_____ _____

Gesamt: _____ kcal Gesamt: _____ kcal

Tagesziel: _____   Tagessumme: _____

Datum: _____   Wochentag: _____

Frühstück: Mittagessen:

_____ _____
_____ _____
_____ _____
_____ _____
_____ _____
_____ _____
_____ _____
_____ _____
_____ _____
_____ _____

Gesamt: _____ kcal   **Gesamt:** _____ kcal

Abendessen: Snacks / Zwischenmahlzeiten:

_____ _____
_____ _____
_____ _____
_____ _____
_____ _____
_____ _____
_____ _____
_____ _____
_____ _____
_____ _____

Gesamt: _____ kcal   **Gesamt:** _____ kcal

Tagesziel: _____   Tagessumme: _____

Datum: _____ Wochentag: _____

Frühstück: Mittagessen:

_____ _____
_____ _____
_____ _____
_____ _____
_____ _____
_____ _____
_____ _____
_____ _____

Gesamt: _____ kcal Gesamt: _____ kcal

Abendessen: Snacks / Zwischenmahlzeiten:

_____ _____
_____ _____
_____ _____
_____ _____
_____ _____
_____ _____
_____ _____
_____ _____

Gesamt: _____ kcal Gesamt: _____ kcal

Tagesziel: _____ Tagessumme: _____

Datum: _____   Wochentag: _____

Frühstück: Mittagessen:

_____ _____
_____ _____
_____ _____
_____ _____
_____ _____
_____ _____
_____ _____
_____ _____
_____ _____

Gesamt: _____ kcal   Gesamt: _____ kcal

Abendessen: Snacks / Zwischenmahlzeiten:

_____ _____
_____ _____
_____ _____
_____ _____
_____ _____
_____ _____
_____ _____
_____ _____
_____ _____

Gesamt: _____ kcal   Gesamt: _____ kcal

Tagesziel: _____   Tagessumme: _____

Datum: _____   Wochentag: _____

Frühstück: Mittagessen:

_____   _____
_____   _____
_____   _____
_____   _____
_____   _____
_____   _____
_____   _____
_____   _____

Gesamt: _____ kcal   Gesamt: _____ kcal

Abendessen: Snacks / Zwischenmahlzeiten:

_____   _____
_____   _____
_____   _____
_____   _____
_____   _____
_____   _____
_____   _____
_____   _____

Gesamt: _____ kcal   Gesamt: _____ kcal

Tagesziel: _____   Tagessumme: _____

Datum: _____   Wochentag: _____

Frühstück: Mittagessen:
_____   _____
_____   _____
_____   _____
_____   _____
_____   _____
_____   _____
_____   _____
_____   _____
_____   _____
_____   _____

Gesamt: _____ kcal   Gesamt: _____ kcal

Abendessen: Snacks / Zwischenmahlzeiten:
_____   _____
_____   _____
_____   _____
_____   _____
_____   _____
_____   _____
_____   _____
_____   _____
_____   _____
_____   _____

Gesamt: _____ kcal   Gesamt: _____ kcal

Tagesziel: _____ Tagessumme: _____

Datum: _____ Wochentag: _____

Frühstück: Mittagessen:

_____ _____
_____ _____
_____ _____
_____ _____
_____ _____
_____ _____
_____ _____
_____ _____

Gesamt: _____ kcal Gesamt: _____ kcal

Abendessen: Snacks / Zwischenmahlzeiten:

_____ _____
_____ _____
_____ _____
_____ _____
_____ _____
_____ _____
_____ _____
_____ _____

Gesamt: _____ kcal Gesamt: _____ kcal

Tagesziel: _____ Tagessumme: _____

Datum: _____   Wochentag: _____

Frühstück: Mittagessen:

_____   _____
_____   _____
_____   _____
_____   _____
_____   _____
_____   _____
_____   _____
_____   _____

Gesamt: _____ kcal   Gesamt: _____ kcal

Abendessen: Snacks / Zwischenmahlzeiten:

_____   _____
_____   _____
_____   _____
_____   _____
_____   _____
_____   _____
_____   _____
_____   _____

Gesamt: _____ kcal   Gesamt: _____ kcal

Tagesziel: _____   Tagessumme: _____

Datum: _____   Wochentag: _____

Frühstück: Mittagessen:

_____   _____
_____   _____
_____   _____
_____   _____
_____   _____
_____   _____
_____   _____
_____   _____
_____   _____

Gesamt: _____ kcal   **Gesamt:** _____ kcal

Abendessen: Snacks / Zwischenmahlzeiten:

_____   _____
_____   _____
_____   _____
_____   _____
_____   _____
_____   _____
_____   _____
_____   _____
_____   _____

Gesamt: _____ kcal   **Gesamt:** _____ kcal

Tagesziel: _____ Tagessumme: _____

Datum: _____   Wochentag: _____

Frühstück: Mittagessen:

_____   _____
_____   _____
_____   _____
_____   _____
_____   _____
_____   _____
_____   _____
_____   _____
_____   _____

| Gesamt: kcal | Gesamt: kcal |

Abendessen: Snacks / Zwischenmahlzeiten:

_____   _____
_____   _____
_____   _____
_____   _____
_____   _____
_____   _____
_____   _____
_____   _____
_____   _____

| Gesamt: kcal | Gesamt: kcal |

Tagesziel: _____   Tagessumme: _____

Datum: _____   Wochentag: _____

Frühstück: Mittagessen:

_____   _____
_____   _____
_____   _____
_____   _____
_____   _____
_____   _____
_____   _____
_____   _____
_____   _____

Gesamt: _____ kcal   Gesamt: _____ kcal

Abendessen: Snacks / Zwischenmahlzeiten:

_____   _____
_____   _____
_____   _____
_____   _____
_____   _____
_____   _____
_____   _____
_____   _____
_____   _____

Gesamt: _____ kcal   Gesamt: _____ kcal

Tagesziel: _____ Tagessumme: _____

Datum: _____   Wochentag: _____

Frühstück: Mittagessen:

_____   _____
_____   _____
_____   _____
_____   _____
_____   _____
_____   _____
_____   _____
_____   _____
_____   _____
_____   _____

Gesamt: _____ kcal   Gesamt: _____ kcal

Abendessen: Snacks / Zwischenmahlzeiten:

_____   _____
_____   _____
_____   _____
_____   _____
_____   _____
_____   _____
_____   _____
_____   _____
_____   _____
_____   _____

Gesamt: _____ kcal   Gesamt: _____ kcal

Tagesziel: _____   Tagessumme: _____

Datum: _____   Wochentag: _____

Frühstück: Mittagessen:

_____   _____
_____   _____
_____   _____
_____   _____
_____   _____
_____   _____
_____   _____
_____   _____
_____   _____
_____   _____

Gesamt: _____ kcal   Gesamt: _____ kcal

Abendessen: Snacks / Zwischenmahlzeiten:

_____   _____
_____   _____
_____   _____
_____   _____
_____   _____
_____   _____
_____   _____
_____   _____
_____   _____
_____   _____

Gesamt: _____ kcal   Gesamt: _____ kcal

Tagesziel: _____   Tagessumme: _____

Datum: _____   Wochentag: _____

Frühstück: Mittagessen:

_____   _____
_____   _____
_____   _____
_____   _____
_____   _____
_____   _____
_____   _____
_____   _____
_____   _____

Gesamt: _____ kcal   Gesamt: _____ kcal

Abendessen: Snacks / Zwischenmahlzeiten:

_____   _____
_____   _____
_____   _____
_____   _____
_____   _____
_____   _____
_____   _____
_____   _____
_____   _____

Gesamt: _____ kcal   Gesamt: _____ kcal

Tagesziel: _____   Tagessumme: _____

Datum: _____ Wochentag: _____

Frühstück: Mittagessen:

_____ _____
_____ _____
_____ _____
_____ _____
_____ _____
_____ _____
_____ _____
_____ _____
_____ _____
_____ _____

Gesamt: _____ kcal Gesamt: _____ kcal

Abendessen: Snacks / Zwischenmahlzeiten:

_____ _____
_____ _____
_____ _____
_____ _____
_____ _____
_____ _____
_____ _____
_____ _____
_____ _____
_____ _____

Gesamt: _____ kcal Gesamt: _____ kcal

Tagesziel: _____ Tagessumme: _____

Datum: _____   Wochentag: _____

Frühstück: Mittagessen:

_____   _____
_____   _____
_____   _____
_____   _____
_____   _____
_____   _____
_____   _____
_____   _____
_____   _____

Gesamt: _____ kcal   Gesamt: _____ kcal

Abendessen: Snacks / Zwischenmahlzeiten:

_____   _____
_____   _____
_____   _____
_____   _____
_____   _____
_____   _____
_____   _____
_____   _____
_____   _____

Gesamt: _____ kcal   Gesamt: _____ kcal

Tagesziel: _____   Tagessumme: _____

Datum: _____ Wochentag: _____

Frühstück: Mittagessen:

_____ _____
_____ _____
_____ _____
_____ _____
_____ _____
_____ _____
_____ _____
_____ _____
_____ _____

Gesamt: _____ kcal Gesamt: _____ kcal

Abendessen: Snacks / Zwischenmahlzeiten:

_____ _____
_____ _____
_____ _____
_____ _____
_____ _____
_____ _____
_____ _____
_____ _____
_____ _____

Gesamt: _____ kcal Gesamt: _____ kcal

Tagesziel: _____ Tagessumme: _____

Datum: _____   Wochentag: _____

Frühstück: Mittagessen:

_____   _____
_____   _____
_____   _____
_____   _____
_____   _____
_____   _____
_____   _____
_____   _____
_____   _____

Gesamt: _____ **kcal**   **Gesamt:** _____ **kcal**

Abendessen: Snacks / Zwischenmahlzeiten:

_____   _____
_____   _____
_____   _____
_____   _____
_____   _____
_____   _____
_____   _____
_____   _____
_____   _____

Gesamt: _____ **kcal**   **Gesamt:** _____ **kcal**

Tagesziel: _____   Tagessumme: _____

Datum: _____   Wochentag: _____

Frühstück: Mittagessen:
_____   _____
_____   _____
_____   _____
_____   _____
_____   _____
_____   _____
_____   _____
_____   _____

Gesamt: _____ kcal   Gesamt: _____ kcal

Abendessen: Snacks / Zwischenmahlzeiten:
_____   _____
_____   _____
_____   _____
_____   _____
_____   _____
_____   _____
_____   _____
_____   _____

Gesamt: _____ kcal   Gesamt: _____ kcal

Tagesziel: _____   Tagessumme: _____

Datum: _____   Wochentag: _____

Frühstück: Mittagessen:

_____   _____
_____   _____
_____   _____
_____   _____
_____   _____
_____   _____
_____   _____
_____   _____
_____   _____

Gesamt: _____ kcal   Gesamt: _____ kcal

Abendessen: Snacks / Zwischenmahlzeiten:

_____   _____
_____   _____
_____   _____
_____   _____
_____   _____
_____   _____
_____   _____
_____   _____
_____   _____

Gesamt: _____ kcal   Gesamt: _____ kcal

Tagesziel: _____   Tagessumme: _____

Datum: _____   Wochentag: _____

Frühstück: Mittagessen:

_____   _____
_____   _____
_____   _____
_____   _____
_____   _____
_____   _____
_____   _____
_____   _____
_____   _____

Gesamt: _____ kcal   Gesamt: _____ kcal

Abendessen: Snacks / Zwischenmahlzeiten:

_____   _____
_____   _____
_____   _____
_____   _____
_____   _____
_____   _____
_____   _____
_____   _____
_____   _____
_____   _____

Gesamt: _____ kcal   Gesamt: _____ kcal

Tagesziel: _____   Tagessumme: _____

Datum: _____   Wochentag: _____

Frühstück: Mittagessen:

_____   _____
_____   _____
_____   _____
_____   _____
_____   _____
_____   _____
_____   _____
_____   _____
_____   _____

Gesamt: _____ kcal   Gesamt: _____ kcal

Abendessen: Snacks / Zwischenmahlzeiten:

_____   _____
_____   _____
_____   _____
_____   _____
_____   _____
_____   _____
_____   _____
_____   _____
_____   _____

Gesamt: _____ kcal   Gesamt: _____ kcal

Tagesziel: _____ Tagessumme: _____

Datum: _____   Wochentag: _____

Frühstück: Mittagessen:

_____   _____
_____   _____
_____   _____
_____   _____
_____   _____
_____   _____
_____   _____
_____   _____

Gesamt: _____ kcal   Gesamt: _____ kcal

Abendessen: Snacks / Zwischenmahlzeiten:

_____   _____
_____   _____
_____   _____
_____   _____
_____   _____
_____   _____
_____   _____
_____   _____

Gesamt: _____ kcal   Gesamt: _____ kcal

Tagesziel: _____   Tagessumme: _____

Datum: _____   Wochentag: _____

Frühstück: Mittagessen:

_____   _____
_____   _____
_____   _____
_____   _____
_____   _____
_____   _____
_____   _____
_____   _____
_____   _____

Gesamt: _____ kcal   Gesamt: _____ kcal

Abendessen: Snacks / Zwischenmahlzeiten:

_____   _____
_____   _____
_____   _____
_____   _____
_____   _____
_____   _____
_____   _____
_____   _____
_____   _____

Gesamt: _____ kcal   Gesamt: _____ kcal

Tagesziel: _____ Tagessumme: _____

Datum: _____ Wochentag: _____

Frühstück: Mittagessen:

_____ _____
_____ _____
_____ _____
_____ _____
_____ _____
_____ _____
_____ _____
_____ _____
_____ _____
_____ _____

Gesamt: _____ kcal Gesamt: _____ kcal

Abendessen: Snacks / Zwischenmahlzeiten:

_____ _____
_____ _____
_____ _____
_____ _____
_____ _____
_____ _____
_____ _____
_____ _____
_____ _____
_____ _____

Gesamt: _____ kcal Gesamt: _____ kcal

Tagesziel: _____ Tagessumme: _____

Echte Männer essen keinen Honig – sie kauen Bienen.

Chuck Norris

Datum: _____   Wochentag: _____

Frühstück: Mittagessen:

_____   _____
_____   _____
_____   _____
_____   _____
_____   _____
_____   _____
_____   _____
_____   _____
_____   _____

Gesamt: _____ kcal   Gesamt: _____ kcal

Abendessen: Snacks / Zwischenmahlzeiten:

_____   _____
_____   _____
_____   _____
_____   _____
_____   _____
_____   _____
_____   _____
_____   _____
_____   _____

Gesamt: _____ kcal   Gesamt: _____ kcal

Tagesziel: _____   Tagessumme: _____

Datum: _____   Wochentag: _____

Frühstück: Mittagessen:

_____   _____
_____   _____
_____   _____
_____   _____
_____   _____
_____   _____
_____   _____
_____   _____
_____   _____
_____   _____

Gesamt: _____ kcal   Gesamt: _____ kcal

Abendessen: Snacks / Zwischenmahlzeiten:

_____   _____
_____   _____
_____   _____
_____   _____
_____   _____
_____   _____
_____   _____
_____   _____
_____   _____
_____   _____

Gesamt: _____ kcal   Gesamt: _____ kcal

Tagesziel: _____   Tagessumme: _____

Datum: _____   Wochentag: _____

Frühstück: Mittagessen:

_____   _____
_____   _____
_____   _____
_____   _____
_____   _____
_____   _____
_____   _____
_____   _____
_____   _____

Gesamt: _____ kcal   Gesamt: _____ kcal

Abendessen: Snacks / Zwischenmahlzeiten:

_____   _____
_____   _____
_____   _____
_____   _____
_____   _____
_____   _____
_____   _____
_____   _____
_____   _____

Gesamt: _____ kcal   Gesamt: _____ kcal

Tagesziel: _____ Tagessumme: _____

Datum: _____   Wochentag: _____

Frühstück: Mittagessen:

_____ _____
_____ _____
_____ _____
_____ _____
_____ _____
_____ _____
_____ _____
_____ _____

Gesamt: _____ kcal Gesamt: _____ kcal

Abendessen: Snacks / Zwischenmahlzeiten:

_____ _____
_____ _____
_____ _____
_____ _____
_____ _____
_____ _____
_____ _____
_____ _____

Gesamt: _____ kcal Gesamt: _____ kcal

Tagesziel: _____   Tagessumme: _____

Datum: _____   Wochentag: _____

Frühstück: Mittagessen:

_____   _____
_____   _____
_____   _____
_____   _____
_____   _____
_____   _____
_____   _____
_____   _____
_____   _____

Gesamt: _____ kcal   Gesamt: _____ kcal

Abendessen: Snacks / Zwischenmahlzeiten:

_____   _____
_____   _____
_____   _____
_____   _____
_____   _____
_____   _____
_____   _____
_____   _____
_____   _____

Gesamt: _____ kcal   Gesamt: _____ kcal

Tagesziel: _____   Tagessumme: _____

Datum: _____ Wochentag: _____

Frühstück: Mittagessen:

_____ _____
_____ _____
_____ _____
_____ _____
_____ _____
_____ _____
_____ _____
_____ _____
_____ _____
_____ _____

Gesamt: _____ kcal Gesamt: _____ kcal

Abendessen: Snacks / Zwischenmahlzeiten:

_____ _____
_____ _____
_____ _____
_____ _____
_____ _____
_____ _____
_____ _____
_____ _____
_____ _____
_____ _____

Gesamt: _____ kcal Gesamt: _____ kcal

Tagesziel: _____ Tagessumme: _____

Datum: _____   Wochentag: _____

Frühstück: Mittagessen:

_____   _____
_____   _____
_____   _____
_____   _____
_____   _____
_____   _____
_____   _____
_____   _____
_____   _____
_____   _____

Gesamt: _____ kcal   Gesamt: _____ kcal

Abendessen: Snacks / Zwischenmahlzeiten:

_____   _____
_____   _____
_____   _____
_____   _____
_____   _____
_____   _____
_____   _____
_____   _____
_____   _____
_____   _____

Gesamt: _____ kcal   Gesamt: _____ kcal

Tagesziel: _____   Tagessumme: _____

Datum: _____   Wochentag: _____

Frühstück: Mittagessen:

_____   _____
_____   _____
_____   _____
_____   _____
_____   _____
_____   _____
_____   _____
_____   _____
_____   _____
_____   _____

Gesamt: _____ kcal   Gesamt: _____ kcal

Abendessen: Snacks / Zwischenmahlzeiten:

_____   _____
_____   _____
_____   _____
_____   _____
_____   _____
_____   _____
_____   _____
_____   _____
_____   _____
_____   _____

Gesamt: _____ kcal   Gesamt: _____ kcal

Tagesziel: _____ Tagessumme: _____

Datum: _____   Wochentag: _____

Frühstück: Mittagessen:

_____   _____
_____   _____
_____   _____
_____   _____
_____   _____
_____   _____
_____   _____
_____   _____
_____   _____

Gesamt: _____ **kcal**   **Gesamt:** _____ **kcal**

Abendessen: Snacks / Zwischenmahlzeiten:

_____   _____
_____   _____
_____   _____
_____   _____
_____   _____
_____   _____
_____   _____
_____   _____
_____   _____

Gesamt: _____ **kcal**   **Gesamt:** _____ **kcal**

Tagesziel: _____   Tagessumme: _____

Datum: _____   Wochentag: _____

Frühstück: Mittagessen:

_____   _____
_____   _____
_____   _____
_____   _____
_____   _____
_____   _____
_____   _____
_____   _____
_____   _____

Gesamt: _____ kcal   Gesamt: _____ kcal

Abendessen: Snacks / Zwischenmahlzeiten:

_____   _____
_____   _____
_____   _____
_____   _____
_____   _____
_____   _____
_____   _____
_____   _____
_____   _____

Gesamt: _____ kcal   Gesamt: _____ kcal

Tagesziel: _____   Tagessumme: _____

Datum: _____   Wochentag: _____

Frühstück: Mittagessen:

_____   _____
_____   _____
_____   _____
_____   _____
_____   _____
_____   _____
_____   _____
_____   _____
_____   _____

Gesamt: _____ kcal   Gesamt: _____ kcal

Abendessen: Snacks / Zwischenmahlzeiten:

_____   _____
_____   _____
_____   _____
_____   _____
_____   _____
_____   _____
_____   _____
_____   _____
_____   _____

Gesamt: _____ kcal   Gesamt: _____ kcal

Tagesziel: _____   Tagessumme: _____

Datum: _____ Wochentag: _____

Frühstück: Mittagessen:

_____ _____
_____ _____
_____ _____
_____ _____
_____ _____
_____ _____
_____ _____
_____ _____
_____ _____

Gesamt: _____ kcal Gesamt: _____ kcal

Abendessen: Snacks / Zwischenmahlzeiten:

_____ _____
_____ _____
_____ _____
_____ _____
_____ _____
_____ _____
_____ _____
_____ _____
_____ _____

Gesamt: _____ kcal Gesamt: _____ kcal

Tagesziel: _____ Tagessumme: _____

Datum: _____   Wochentag: _____

Frühstück: Mittagessen:

_____   _____
_____   _____
_____   _____
_____   _____
_____   _____
_____   _____
_____   _____
_____   _____
_____   _____
_____   _____

Gesamt: _____ kcal   Gesamt: _____ kcal

Abendessen: Snacks / Zwischenmahlzeiten:

_____   _____
_____   _____
_____   _____
_____   _____
_____   _____
_____   _____
_____   _____
_____   _____
_____   _____
_____   _____

Gesamt: _____ kcal   Gesamt: _____ kcal

Tagesziel: _____   Tagessumme: _____

Datum: _____ Wochentag: _____

Frühstück: Mittagessen:

_____ _____
_____ _____
_____ _____
_____ _____
_____ _____
_____ _____
_____ _____
_____ _____

Gesamt: _____ kcal Gesamt: _____ kcal

Abendessen: Snacks / Zwischenmahlzeiten:

_____ _____
_____ _____
_____ _____
_____ _____
_____ _____
_____ _____
_____ _____
_____ _____

Gesamt: _____ kcal Gesamt: _____ kcal

Tagesziel: _____ Tagessumme: _____

Datum: _____   Wochentag: _____

Frühstück: Mittagessen:

_____   _____
_____   _____
_____   _____
_____   _____
_____   _____
_____   _____
_____   _____
_____   _____
_____   _____
_____   _____

Gesamt: _____ kcal Gesamt: _____ kcal

Abendessen: Snacks / Zwischenmahlzeiten:

_____   _____
_____   _____
_____   _____
_____   _____
_____   _____
_____   _____
_____   _____
_____   _____
_____   _____
_____   _____

Gesamt: _____ kcal Gesamt: _____ kcal

Tagesziel: _____ Tagessumme: _____

Datum: _____   Wochentag: _____

Frühstück: Mittagessen:

_____   _____
_____   _____
_____   _____
_____   _____
_____   _____
_____   _____
_____   _____
_____   _____
_____   _____

Gesamt: _____ kcal   Gesamt: _____ kcal

Abendessen: Snacks / Zwischenmahlzeiten:

_____   _____
_____   _____
_____   _____
_____   _____
_____   _____
_____   _____
_____   _____
_____   _____
_____   _____

Gesamt: _____ kcal   Gesamt: _____ kcal

Tagesziel: _____ Tagessumme: _____

Datum: _____   Wochentag: _____

Frühstück: Mittagessen:

_____   _____
_____   _____
_____   _____
_____   _____
_____   _____
_____   _____
_____   _____
_____   _____
_____   _____
_____   _____

Gesamt: _____ kcal   Gesamt: _____ kcal

Abendessen: Snacks / Zwischenmahlzeiten:

_____   _____
_____   _____
_____   _____
_____   _____
_____   _____
_____   _____
_____   _____
_____   _____
_____   _____
_____   _____

Gesamt: _____ kcal   Gesamt: _____ kcal

Tagesziel: _____   Tagessumme: _____

Datum: _____   Wochentag: _____

Frühstück: Mittagessen:

_____   _____
_____   _____
_____   _____
_____   _____
_____   _____
_____   _____
_____   _____
_____   _____
_____   _____

Gesamt: _____ kcal   Gesamt: _____ kcal

Abendessen: Snacks / Zwischenmahlzeiten:

_____   _____
_____   _____
_____   _____
_____   _____
_____   _____
_____   _____
_____   _____
_____   _____
_____   _____

Gesamt: _____ kcal   Gesamt: _____ kcal

Tagesziel: _____   Tagessumme: _____

Datum: _____   Wochentag: _____

Frühstück: Mittagessen:

_____   _____
_____   _____
_____   _____
_____   _____
_____   _____
_____   _____
_____   _____
_____   _____
_____   _____

Gesamt: _____ kcal   Gesamt: _____ kcal

Abendessen: Snacks / Zwischenmahlzeiten:

_____   _____
_____   _____
_____   _____
_____   _____
_____   _____
_____   _____
_____   _____
_____   _____
_____   _____

Gesamt: _____ kcal   Gesamt: _____ kcal

Tagesziel: _____ Tagessumme: _____

Datum: _____   Wochentag: _____

Frühstück: Mittagessen:
_____   _____
_____   _____
_____   _____
_____   _____
_____   _____
_____   _____
_____   _____
_____   _____
_____   _____

Gesamt: _____ kcal   **Gesamt: _____ kcal**

Abendessen: Snacks / Zwischenmahlzeiten:
_____   _____
_____   _____
_____   _____
_____   _____
_____   _____
_____   _____
_____   _____
_____   _____
_____   _____

Gesamt: _____ kcal   **Gesamt: _____ kcal**

Tagesziel: _____   Tagessumme: _____

Datum: _____ Wochentag: _____

Frühstück: Mittagessen:

_____ _____
_____ _____
_____ _____
_____ _____
_____ _____
_____ _____
_____ _____
_____ _____
_____ _____

Gesamt: _____ kcal Gesamt: _____ kcal

Abendessen: Snacks / Zwischenmahlzeiten:

_____ _____
_____ _____
_____ _____
_____ _____
_____ _____
_____ _____
_____ _____
_____ _____
_____ _____

Gesamt: _____ kcal Gesamt: _____ kcal

Tagesziel: _____ Tagessumme: _____

Datum: _____   Wochentag: _____

Frühstück: Mittagessen:

_____   _____
_____   _____
_____   _____
_____   _____
_____   _____
_____   _____
_____   _____
_____   _____
_____   _____

Gesamt: _____ kcal   Gesamt: _____ kcal

Abendessen: Snacks / Zwischenmahlzeiten:

_____   _____
_____   _____
_____   _____
_____   _____
_____   _____
_____   _____
_____   _____
_____   _____
_____   _____

Gesamt: _____ kcal   Gesamt: _____ kcal

Tagesziel: _____ Tagessumme: _____

Datum: _____ Wochentag: _____

Frühstück: Mittagessen:

_____ _____
_____ _____
_____ _____
_____ _____
_____ _____
_____ _____
_____ _____
_____ _____
_____ _____

Gesamt: _____ kcal Gesamt: _____ kcal

Abendessen: Snacks / Zwischenmahlzeiten:

_____ _____
_____ _____
_____ _____
_____ _____
_____ _____
_____ _____
_____ _____
_____ _____
_____ _____

Gesamt: _____ kcal Gesamt: _____ kcal

Tagesziel: _____ Tagessumme: _____

Datum: _____ Wochentag: _____

Frühstück:

_____
_____
_____
_____
_____
_____
_____
_____
_____

Gesamt: _____ kcal

Mittagessen:

_____
_____
_____
_____
_____
_____
_____
_____
_____

Gesamt: _____ kcal

Abendessen:

_____
_____
_____
_____
_____
_____
_____
_____
_____

Gesamt: _____ kcal

Snacks / Zwischenmahlzeiten:

_____
_____
_____
_____
_____
_____
_____
_____
_____

Gesamt: _____ kcal

Tagesziel: _____ Tagessumme: _____

Datum: _____ Wochentag: _____

Frühstück: Mittagessen:

_____   _____
_____   _____
_____   _____
_____   _____
_____   _____
_____   _____
_____   _____
_____   _____
_____   _____
_____   _____

Gesamt: _____ kcal   Gesamt: _____ kcal

Abendessen: Snacks / Zwischenmahlzeiten:

_____   _____
_____   _____
_____   _____
_____   _____
_____   _____
_____   _____
_____   _____
_____   _____
_____   _____
_____   _____

Gesamt: _____ kcal   Gesamt: _____ kcal

Tagesziel: _____ Tagessumme: _____

Datum: _____   Wochentag: _____

Frühstück: Mittagessen:

_____   _____
_____   _____
_____   _____
_____   _____
_____   _____
_____   _____
_____   _____
_____   _____
_____   _____

Gesamt: _____ kcal   Gesamt: _____ kcal

Abendessen: Snacks / Zwischenmahlzeiten:

_____   _____
_____   _____
_____   _____
_____   _____
_____   _____
_____   _____
_____   _____
_____   _____
_____   _____

Gesamt: _____ kcal   Gesamt: _____ kcal

Tagesziel: _____ Tagessumme: _____

Datum: _____ Wochentag: _____

Frühstück: Mittagessen:

_____ _____
_____ _____
_____ _____
_____ _____
_____ _____
_____ _____
_____ _____
_____ _____
_____ _____
_____ _____

Gesamt: _____ kcal Gesamt: _____ kcal

Abendessen: Snacks / Zwischenmahlzeiten:

_____ _____
_____ _____
_____ _____
_____ _____
_____ _____
_____ _____
_____ _____
_____ _____
_____ _____
_____ _____

Gesamt: _____ kcal Gesamt: _____ kcal

Tagesziel: _____ Tagessumme: _____

Datum: _____   Wochentag: _____

Frühstück: Mittagessen:

_____   _____
_____   _____
_____   _____
_____   _____
_____   _____
_____   _____
_____   _____
_____   _____
_____   _____

Gesamt: _____ kcal   Gesamt: _____ kcal

Abendessen: Snacks / Zwischenmahlzeiten:

_____   _____
_____   _____
_____   _____
_____   _____
_____   _____
_____   _____
_____   _____
_____   _____
_____   _____

Gesamt: _____ kcal   Gesamt: _____ kcal

Tagesziel: _____   Tagessumme: _____

Datum: _____ Wochentag: _____

Frühstück: Mittagessen:

_____ _____
_____ _____
_____ _____
_____ _____
_____ _____
_____ _____
_____ _____
_____ _____
_____ _____

Gesamt: _____ kcal Gesamt: _____ kcal

Abendessen: Snacks / Zwischenmahlzeiten:

_____ _____
_____ _____
_____ _____
_____ _____
_____ _____
_____ _____
_____ _____
_____ _____
_____ _____

Gesamt: _____ kcal Gesamt: _____ kcal

Tagesziel: _____ Tagessumme: _____

Datum: _____   Wochentag: _____

Frühstück: Mittagessen:

_____   _____
_____   _____
_____   _____
_____   _____
_____   _____
_____   _____
_____   _____
_____   _____
_____   _____
_____   _____

Gesamt: _____ kcal   Gesamt: _____ kcal

Abendessen: Snacks / Zwischenmahlzeiten:

_____   _____
_____   _____
_____   _____
_____   _____
_____   _____
_____   _____
_____   _____
_____   _____
_____   _____
_____   _____

Gesamt: _____ kcal   Gesamt: _____ kcal

Tagesziel: _____   Tagessumme: _____

Datum: _____   Wochentag: _____

Frühstück: Mittagessen:
_____   _____
_____   _____
_____   _____
_____   _____
_____   _____
_____   _____
_____   _____
_____   _____
_____   _____
_____   _____

Gesamt: _____ kcal   Gesamt: _____ kcal

Abendessen: Snacks / Zwischenmahlzeiten:
_____   _____
_____   _____
_____   _____
_____   _____
_____   _____
_____   _____
_____   _____
_____   _____
_____   _____
_____   _____

Gesamt: _____ kcal   Gesamt: _____ kcal

Tagesziel: _____   Tagessumme: _____

Datum: _____   Wochentag: _____

Frühstück: Mittagessen:

_____   _____
_____   _____
_____   _____
_____   _____
_____   _____
_____   _____
_____   _____
_____   _____
_____   _____
_____   _____

Gesamt: _____ kcal Gesamt: _____ kcal

Abendessen: Snacks / Zwischenmahlzeiten:

_____   _____
_____   _____
_____   _____
_____   _____
_____   _____
_____   _____
_____   _____
_____   _____
_____   _____
_____   _____

Gesamt: _____ kcal Gesamt: _____ kcal

Tagesziel: _____   Tagessumme: _____

Datum: _____   Wochentag: _____

Frühstück: Mittagessen:

_____   _____
_____   _____
_____   _____
_____   _____
_____   _____
_____   _____
_____   _____
_____   _____
_____   _____
_____   _____

Gesamt: _____ kcal   Gesamt: _____ kcal

Abendessen: Snacks / Zwischenmahlzeiten:

_____   _____
_____   _____
_____   _____
_____   _____
_____   _____
_____   _____
_____   _____
_____   _____
_____   _____
_____   _____

Gesamt: _____ kcal   Gesamt: _____ kcal

Tagesziel: _____   Tagessumme: _____

Datum: _____   Wochentag: _____

Frühstück: Mittagessen:

_____   _____
_____   _____
_____   _____
_____   _____
_____   _____
_____   _____
_____   _____
_____   _____
_____   _____
_____   _____

Gesamt: _____ kcal   Gesamt: _____ kcal

Abendessen: Snacks / Zwischenmahlzeiten:

_____   _____
_____   _____
_____   _____
_____   _____
_____   _____
_____   _____
_____   _____
_____   _____
_____   _____
_____   _____

Gesamt: _____ kcal   Gesamt: _____ kcal

Tagesziel: _____   Tagessumme: _____

Datum: _____   Wochentag: _____

Frühstück: Mittagessen:

_____   _____
_____   _____
_____   _____
_____   _____
_____   _____
_____   _____
_____   _____
_____   _____
_____   _____
_____   _____

Gesamt: _____ kcal   Gesamt: _____ kcal

Abendessen: Snacks / Zwischenmahlzeiten:

_____   _____
_____   _____
_____   _____
_____   _____
_____   _____
_____   _____
_____   _____
_____   _____
_____   _____
_____   _____

Gesamt: _____ kcal   Gesamt: _____ kcal

Tagesziel: _____   Tagessumme: _____

Datum: _____   Wochentag: _____

Frühstück: Mittagessen:

_____ _____
_____ _____
_____ _____
_____ _____
_____ _____
_____ _____
_____ _____
_____ _____

Gesamt: _____ kcal Gesamt: _____ kcal

Abendessen: Snacks / Zwischenmahlzeiten:

_____ _____
_____ _____
_____ _____
_____ _____
_____ _____
_____ _____
_____ _____
_____ _____

Gesamt: _____ kcal Gesamt: _____ kcal

Tagesziel: _____ Tagessumme: _____

Datum: _____   Wochentag: _____

Frühstück: Mittagessen:

_____   _____
_____   _____
_____   _____
_____   _____
_____   _____
_____   _____
_____   _____
_____   _____
_____   _____
_____   _____

Gesamt: _____ kcal   Gesamt: _____ kcal

Abendessen: Snacks / Zwischenmahlzeiten:

_____   _____
_____   _____
_____   _____
_____   _____
_____   _____
_____   _____
_____   _____
_____   _____
_____   _____
_____   _____

Gesamt: _____ kcal   Gesamt: _____ kcal

Tagesziel: _____   Tagessumme: _____

Datum: _____   Wochentag: _____

Frühstück: Mittagessen:

_____   _____
_____   _____
_____   _____
_____   _____
_____   _____
_____   _____
_____   _____
_____   _____
_____   _____

Gesamt: _____ kcal   Gesamt: _____ kcal

Abendessen: Snacks / Zwischenmahlzeiten:

_____   _____
_____   _____
_____   _____
_____   _____
_____   _____
_____   _____
_____   _____
_____   _____
_____   _____

Gesamt: _____ kcal   Gesamt: _____ kcal

Tagesziel: _____   Tagessumme: _____

Datum: _____   Wochentag: _____

Frühstück: Mittagessen:

_____   _____
_____   _____
_____   _____
_____   _____
_____   _____
_____   _____
_____   _____
_____   _____
_____   _____

Gesamt: _____ kcal **Gesamt:** _____ kcal

Abendessen: Snacks / Zwischenmahlzeiten:

_____   _____
_____   _____
_____   _____
_____   _____
_____   _____
_____   _____
_____   _____
_____   _____
_____   _____

Gesamt: _____ kcal **Gesamt:** _____ kcal

Tagesziel: _____ Tagessumme: _____

Datum: _____   Wochentag: _____

Frühstück: Mittagessen:

_____   _____
_____   _____
_____   _____
_____   _____
_____   _____
_____   _____
_____   _____
_____   _____
_____   _____

Gesamt: _____ kcal   Gesamt: _____ kcal

Abendessen: Snacks / Zwischenmahlzeiten:

_____   _____
_____   _____
_____   _____
_____   _____
_____   _____
_____   _____
_____   _____
_____   _____
_____   _____

Gesamt: _____ kcal   Gesamt: _____ kcal

Tagesziel: _____   Tagessumme: _____

Datum: _____   Wochentag: _____

Frühstück: **Mittagessen:**

_____   _____
_____   _____
_____   _____
_____   _____
_____   _____
_____   _____
_____   _____
_____   _____
_____   _____

Gesamt: _____ kcal   **Gesamt:** _____ kcal

Abendessen: **Snacks / Zwischenmahlzeiten:**

_____   _____
_____   _____
_____   _____
_____   _____
_____   _____
_____   _____
_____   _____
_____   _____
_____   _____

Gesamt: _____ kcal   **Gesamt:** _____ kcal

Tagesziel: _____   Tagessumme: _____

Datum: _____ Wochentag: _____

Frühstück: Mittagessen:

_____ _____
_____ _____
_____ _____
_____ _____
_____ _____
_____ _____
_____ _____
_____ _____
_____ _____
_____ _____

Gesamt: _____ kcal Gesamt: _____ kcal

Abendessen: Snacks / Zwischenmahlzeiten:

_____ _____
_____ _____
_____ _____
_____ _____
_____ _____
_____ _____
_____ _____
_____ _____
_____ _____
_____ _____

Gesamt: _____ kcal Gesamt: _____ kcal

Tagesziel: _____ Tagessumme: _____

Datum: _____   Wochentag: _____

Frühstück: Mittagessen:

_____   _____
_____   _____
_____   _____
_____   _____
_____   _____
_____   _____
_____   _____
_____   _____
_____   _____

Gesamt: _____ kcal   Gesamt: _____ kcal

Abendessen: Snacks / Zwischenmahlzeiten:

_____   _____
_____   _____
_____   _____
_____   _____
_____   _____
_____   _____
_____   _____
_____   _____
_____   _____

Gesamt: _____ kcal   Gesamt: _____ kcal

Tagesziel: _____   Tagessumme: _____

Datum: _____   Wochentag: _____

Frühstück: Mittagessen:

_____   _____
_____   _____
_____   _____
_____   _____
_____   _____
_____   _____
_____   _____
_____   _____

Gesamt: _____ kcal   Gesamt: _____ kcal

Abendessen: Snacks / Zwischenmahlzeiten:

_____   _____
_____   _____
_____   _____
_____   _____
_____   _____
_____   _____
_____   _____
_____   _____

Gesamt: _____ kcal   Gesamt: _____ kcal

Tagesziel: _____   Tagessumme: _____

Datum: _____   Wochentag: _____

Frühstück: Mittagessen:

_____ _____
_____ _____
_____ _____
_____ _____
_____ _____
_____ _____
_____ _____
_____ _____
_____ _____

Gesamt: _____ kcal Gesamt: _____ kcal

Abendessen: Snacks / Zwischenmahlzeiten:

_____ _____
_____ _____
_____ _____
_____ _____
_____ _____
_____ _____
_____ _____
_____ _____
_____ _____

Gesamt: _____ kcal Gesamt: _____ kcal

Tagesziel: _____ Tagessumme: _____

Datum: _____ Wochentag: _____

Frühstück: | **Mittagessen:**

_____ | _____
_____ | _____
_____ | _____
_____ | _____
_____ | _____
_____ | _____
_____ | _____
_____ | _____
_____ | _____

Gesamt: _____ kcal   Gesamt: _____ kcal

Abendessen: | **Snacks / Zwischenmahlzeiten:**

_____ | _____
_____ | _____
_____ | _____
_____ | _____
_____ | _____
_____ | _____
_____ | _____
_____ | _____
_____ | _____

Gesamt: _____ kcal   Gesamt: _____ kcal

Tagesziel: _____   Tagessumme: _____

Datum: _____   Wochentag: _____

Frühstück: Mittagessen:

_____   _____
_____   _____
_____   _____
_____   _____
_____   _____
_____   _____
_____   _____
_____   _____
_____   _____

Gesamt: _____ kcal   Gesamt: _____ kcal

Abendessen: Snacks / Zwischenmahlzeiten:

_____   _____
_____   _____
_____   _____
_____   _____
_____   _____
_____   _____
_____   _____
_____   _____
_____   _____

Gesamt: _____ kcal   Gesamt: _____ kcal

Tagesziel: _____ Tagessumme: _____

Datum: _____   Wochentag: _____

Frühstück: Mittagessen:

_____   _____
_____   _____
_____   _____
_____   _____
_____   _____
_____   _____
_____   _____
_____   _____
_____   _____

Gesamt: _____ kcal   Gesamt: _____ kcal

Abendessen: Snacks / Zwischenmahlzeiten:

_____   _____
_____   _____
_____   _____
_____   _____
_____   _____
_____   _____
_____   _____
_____   _____
_____   _____

Gesamt: _____ kcal   Gesamt: _____ kcal

Tagesziel: _____   Tagessumme: _____

Datum: _____   Wochentag: _____

Frühstück: Mittagessen:

_____   _____
_____   _____
_____   _____
_____   _____
_____   _____
_____   _____
_____   _____
_____   _____
_____   _____

Gesamt: _____ kcal   Gesamt: _____ kcal

Abendessen: Snacks / Zwischenmahlzeiten:

_____   _____
_____   _____
_____   _____
_____   _____
_____   _____
_____   _____
_____   _____
_____   _____
_____   _____

Gesamt: _____ kcal   Gesamt: _____ kcal

Tagesziel: _____   Tagessumme: _____

Datum: _____ Wochentag: _____

Frühstück: Mittagessen:

_____ _____
_____ _____
_____ _____
_____ _____
_____ _____
_____ _____
_____ _____
_____ _____

Gesamt: _____ kcal Gesamt: _____ kcal

Abendessen: Snacks / Zwischenmahlzeiten:

_____ _____
_____ _____
_____ _____
_____ _____
_____ _____
_____ _____
_____ _____
_____ _____

Gesamt: _____ kcal Gesamt: _____ kcal

Tagesziel: _____ Tagessumme: _____

Datum: _____   Wochentag: _____

Frühstück: Mittagessen:

_____   _____
_____   _____
_____   _____
_____   _____
_____   _____
_____   _____
_____   _____
_____   _____
_____   _____

Gesamt: _____ kcal   Gesamt: _____ kcal

Abendessen: Snacks / Zwischenmahlzeiten:

_____   _____
_____   _____
_____   _____
_____   _____
_____   _____
_____   _____
_____   _____
_____   _____
_____   _____

Gesamt: _____ kcal   Gesamt: _____ kcal

Tagesziel: _____   Tagessumme: _____

Datum: _____   Wochentag: _____

Frühstück: Mittagessen:

_____   _____
_____   _____
_____   _____
_____   _____
_____   _____
_____   _____
_____   _____
_____   _____

Gesamt: _____ kcal   Gesamt: _____ kcal

Abendessen: Snacks / Zwischenmahlzeiten:

_____   _____
_____   _____
_____   _____
_____   _____
_____   _____
_____   _____
_____   _____
_____   _____

Gesamt: _____ kcal   Gesamt: _____ kcal

Tagesziel: _____   Tagessumme: _____

Datum: _____   Wochentag: _____

Frühstück: Mittagessen:

_____   _____
_____   _____
_____   _____
_____   _____
_____   _____
_____   _____
_____   _____
_____   _____
_____   _____
_____   _____

Gesamt: _____ kcal   Gesamt: _____ kcal

Abendessen: Snacks / Zwischenmahlzeiten:

_____   _____
_____   _____
_____   _____
_____   _____
_____   _____
_____   _____
_____   _____
_____   _____
_____   _____
_____   _____

Gesamt: _____ kcal   Gesamt: _____ kcal

Tagesziel: _____ Tagessumme: _____

Datum: _____ Wochentag: _____

Frühstück: Mittagessen:

_____ _____
_____ _____
_____ _____
_____ _____
_____ _____
_____ _____
_____ _____
_____ _____
_____ _____
_____ _____

Gesamt: _____ kcal Gesamt: _____ kcal

Abendessen: Snacks / Zwischenmahlzeiten:

_____ _____
_____ _____
_____ _____
_____ _____
_____ _____
_____ _____
_____ _____
_____ _____
_____ _____
_____ _____

Gesamt: _____ kcal Gesamt: _____ kcal

Tagesziel: _____ Tagessumme: _____

Datum: _____   Wochentag: _____

Frühstück: Mittagessen:

_____ _____
_____ _____
_____ _____
_____ _____
_____ _____
_____ _____
_____ _____
_____ _____
_____ _____

Gesamt: _____ kcal Gesamt: _____ kcal

Abendessen: Snacks / Zwischenmahlzeiten:

_____ _____
_____ _____
_____ _____
_____ _____
_____ _____
_____ _____
_____ _____
_____ _____
_____ _____

Gesamt: _____ kcal Gesamt: _____ kcal

Tagesziel: _____ Tagessumme: _____

Datum: _____   Wochentag: _____

Frühstück: Mittagessen:

_____   _____
_____   _____
_____   _____
_____   _____
_____   _____
_____   _____
_____   _____
_____   _____
_____   _____

Gesamt: _____ kcal   **Gesamt:** _____ kcal

Abendessen: Snacks / Zwischenmahlzeiten:

_____   _____
_____   _____
_____   _____
_____   _____
_____   _____
_____   _____
_____   _____
_____   _____
_____   _____

Gesamt: _____ kcal   **Gesamt:** _____ kcal

Tagesziel: _____   Tagessumme: _____

Datum: _____   Wochentag: _____

Frühstück: Mittagessen:

_____   _____
_____   _____
_____   _____
_____   _____
_____   _____
_____   _____
_____   _____
_____   _____
_____   _____
_____   _____

Gesamt: _____ kcal   Gesamt: _____ kcal

Abendessen: Snacks / Zwischenmahlzeiten:

_____   _____
_____   _____
_____   _____
_____   _____
_____   _____
_____   _____
_____   _____
_____   _____
_____   _____
_____   _____

Gesamt: _____ kcal   Gesamt: _____ kcal

Tagesziel: _____ Tagessumme: _____

Datum: _____   Wochentag: _____

Frühstück: Mittagessen:

_____   _____
_____   _____
_____   _____
_____   _____
_____   _____
_____   _____
_____   _____
_____   _____
_____   _____

Gesamt: _____ kcal   Gesamt: _____ kcal

Abendessen: Snacks / Zwischenmahlzeiten:

_____   _____
_____   _____
_____   _____
_____   _____
_____   _____
_____   _____
_____   _____
_____   _____
_____   _____

Gesamt: _____ kcal   Gesamt: _____ kcal

Tagesziel: _____   Tagessumme: _____

Datum: _____   Wochentag: _____

Frühstück: Mittagessen:

_____ _____
_____ _____
_____ _____
_____ _____
_____ _____
_____ _____
_____ _____
_____ _____
_____ _____
_____ _____

Gesamt: _____ kcal Gesamt: _____ kcal

Abendessen: Snacks / Zwischenmahlzeiten:

_____ _____
_____ _____
_____ _____
_____ _____
_____ _____
_____ _____
_____ _____
_____ _____
_____ _____
_____ _____

Gesamt: _____ kcal Gesamt: _____ kcal

Tagesziel: _____   Tagessumme: _____

Datum: _____ Wochentag: _____

Frühstück: Mittagessen:

_____ _____
_____ _____
_____ _____
_____ _____
_____ _____
_____ _____
_____ _____
_____ _____

Gesamt: _____ kcal   Gesamt: _____ kcal

Abendessen: Snacks / Zwischenmahlzeiten:

_____ _____
_____ _____
_____ _____
_____ _____
_____ _____
_____ _____
_____ _____
_____ _____

Gesamt: _____ kcal   Gesamt: _____ kcal

Tagesziel: _____ Tagessumme: _____

In der einen Hälfte unseres Lebens opfern wir die Gesundheit, um Geld zu erwerben; in der anderen opfern wir Geld, um die Gesundheit wieder zu erlangen. Und während dieser Zeit gehen Gesundheit und Leben von dannen.

Voltaire

Datum: _____   Wochentag: _____

Frühstück: Mittagessen:

_____   _____
_____   _____
_____   _____
_____   _____
_____   _____
_____   _____
_____   _____
_____   _____
_____   _____
_____   _____

Gesamt: _____ kcal   Gesamt: _____ kcal

Abendessen: Snacks / Zwischenmahlzeiten:

_____   _____
_____   _____
_____   _____
_____   _____
_____   _____
_____   _____
_____   _____
_____   _____
_____   _____
_____   _____

Gesamt: _____ kcal   Gesamt: _____ kcal

Tagesziel: _____   Tagessumme: _____

Datum: _____   Wochentag: _____

Frühstück: Mittagessen:

_____   _____
_____   _____
_____   _____
_____   _____
_____   _____
_____   _____
_____   _____
_____   _____
_____   _____

Gesamt: _____ kcal   Gesamt: _____ kcal

Abendessen: Snacks / Zwischenmahlzeiten:

_____   _____
_____   _____
_____   _____
_____   _____
_____   _____
_____   _____
_____   _____
_____   _____
_____   _____

Gesamt: _____ kcal   Gesamt: _____ kcal

Tagesziel: _____   Tagessumme: _____

Datum: _____   Wochentag: _____

Frühstück: Mittagessen:

_____   _____
_____   _____
_____   _____
_____   _____
_____   _____
_____   _____
_____   _____
_____   _____
_____   _____
_____   _____

Gesamt: _____ kcal   **Gesamt:** _____ kcal

Abendessen: Snacks / Zwischenmahlzeiten:

_____   _____
_____   _____
_____   _____
_____   _____
_____   _____
_____   _____
_____   _____
_____   _____
_____   _____
_____   _____

Gesamt: _____ kcal   **Gesamt:** _____ kcal

Tagesziel: _____ Tagessumme: _____

Datum: _____   Wochentag: _____

Frühstück: Mittagessen:

_____   _____
_____   _____
_____   _____
_____   _____
_____   _____
_____   _____
_____   _____
_____   _____
_____   _____

Gesamt: _____ kcal   Gesamt: _____ kcal

Abendessen: Snacks / Zwischenmahlzeiten:

_____   _____
_____   _____
_____   _____
_____   _____
_____   _____
_____   _____
_____   _____
_____   _____
_____   _____

Gesamt: _____ kcal   Gesamt: _____ kcal

Tagesziel: _____ Tagessumme: _____

Datum: _____   Wochentag: _____

Frühstück: Mittagessen:

_____   _____
_____   _____
_____   _____
_____   _____
_____   _____
_____   _____
_____   _____
_____   _____
_____   _____
_____   _____

Gesamt: _____ kcal   Gesamt: _____ kcal

Abendessen: Snacks / Zwischenmahlzeiten:

_____   _____
_____   _____
_____   _____
_____   _____
_____   _____
_____   _____
_____   _____
_____   _____
_____   _____
_____   _____

Gesamt: _____ kcal   Gesamt: _____ kcal

Tagesziel: _____ Tagessumme: _____

Datum: _____   Wochentag: _____

Frühstück: Mittagessen:

_____   _____
_____   _____
_____   _____
_____   _____
_____   _____
_____   _____
_____   _____
_____   _____
_____   _____

Gesamt: _____ kcal Gesamt: _____ kcal

Abendessen: Snacks / Zwischenmahlzeiten:

_____   _____
_____   _____
_____   _____
_____   _____
_____   _____
_____   _____
_____   _____
_____   _____
_____   _____

Gesamt: _____ kcal Gesamt: _____ kcal

Tagesziel: _____   Tagessumme: _____

Datum: _____   Wochentag: _____

Frühstück: Mittagessen:

_____   _____
_____   _____
_____   _____
_____   _____
_____   _____
_____   _____
_____   _____
_____   _____
_____   _____
_____   _____

Gesamt: _____ kcal   Gesamt: _____ kcal

Abendessen: Snacks / Zwischenmahlzeiten:

_____   _____
_____   _____
_____   _____
_____   _____
_____   _____
_____   _____
_____   _____
_____   _____
_____   _____
_____   _____

Gesamt: _____ kcal   Gesamt: _____ kcal

Tagesziel: _____ Tagessumme: _____

Datum: _____ Wochentag: _____

Frühstück: Mittagessen:

_____ _____
_____ _____
_____ _____
_____ _____
_____ _____
_____ _____
_____ _____
_____ _____
_____ _____
_____ _____

Gesamt: _____ kcal Gesamt: _____ kcal

Abendessen: Snacks / Zwischenmahlzeiten:

_____ _____
_____ _____
_____ _____
_____ _____
_____ _____
_____ _____
_____ _____
_____ _____
_____ _____
_____ _____

Gesamt: _____ kcal Gesamt: _____ kcal

Tagesziel: _____ Tagessumme: _____

Datum: _____   Wochentag: _____

Frühstück: Mittagessen:

_____ _____
_____ _____
_____ _____
_____ _____
_____ _____
_____ _____
_____ _____
_____ _____
_____ _____
_____ _____

Gesamt: _____ kcal   **Gesamt:** _____ kcal

Abendessen: Snacks / Zwischenmahlzeiten:

_____ _____
_____ _____
_____ _____
_____ _____
_____ _____
_____ _____
_____ _____
_____ _____
_____ _____
_____ _____

Gesamt: _____ kcal   **Gesamt:** _____ kcal

Tagesziel: _____   Tagessumme: _____

Datum: _____   Wochentag: _____

Frühstück: Mittagessen:

_____   _____
_____   _____
_____   _____
_____   _____
_____   _____
_____   _____
_____   _____
_____   _____
_____   _____
_____   _____

Gesamt: _____ kcal   Gesamt: _____ kcal

Abendessen: Snacks / Zwischenmahlzeiten:

_____   _____
_____   _____
_____   _____
_____   _____
_____   _____
_____   _____
_____   _____
_____   _____
_____   _____
_____   _____

Gesamt: _____ kcal   Gesamt: _____ kcal

Tagesziel: _____   Tagessumme: _____

Datum: _____   Wochentag: _____

Frühstück: Mittagessen:

_____   _____
_____   _____
_____   _____
_____   _____
_____   _____
_____   _____
_____   _____
_____   _____
_____   _____

Gesamt: _____ kcal   Gesamt: _____ kcal

Abendessen: Snacks / Zwischenmahlzeiten:

_____   _____
_____   _____
_____   _____
_____   _____
_____   _____
_____   _____
_____   _____
_____   _____
_____   _____

Gesamt: _____ kcal   Gesamt: _____ kcal

Tagesziel: _____ Tagessumme: _____

Datum: _____   Wochentag: _____

Frühstück: Mittagessen:

_____ _____
_____ _____
_____ _____
_____ _____
_____ _____
_____ _____
_____ _____
_____ _____
_____ _____

Gesamt: _____ kcal   Gesamt: _____ kcal

Abendessen: Snacks / Zwischenmahlzeiten:

_____ _____
_____ _____
_____ _____
_____ _____
_____ _____
_____ _____
_____ _____
_____ _____
_____ _____

Gesamt: _____ kcal   Gesamt: _____ kcal

Tagesziel: _____   Tagessumme: _____

Datum: _____ Wochentag: _____

Frühstück: Mittagessen:

_____ _____
_____ _____
_____ _____
_____ _____
_____ _____
_____ _____
_____ _____
_____ _____
_____ _____
_____ _____

Gesamt: _____ kcal Gesamt: _____ kcal

Abendessen: Snacks / Zwischenmahlzeiten:

_____ _____
_____ _____
_____ _____
_____ _____
_____ _____
_____ _____
_____ _____
_____ _____
_____ _____
_____ _____

Gesamt: _____ kcal Gesamt: _____ kcal

Tagesziel: _____ Tagessumme: _____

Datum: _____   Wochentag: _____

Frühstück: Mittagessen:

_____ _____
_____ _____
_____ _____
_____ _____
_____ _____
_____ _____
_____ _____
_____ _____
_____ _____

Gesamt: _____ kcal Gesamt: _____ kcal

Abendessen: Snacks / Zwischenmahlzeiten:

_____ _____
_____ _____
_____ _____
_____ _____
_____ _____
_____ _____
_____ _____
_____ _____
_____ _____

Gesamt: _____ kcal Gesamt: _____ kcal

Tagesziel: _____   Tagessumme: _____

Datum: _____   Wochentag: _____

Frühstück: Mittagessen:

_____ _____
_____ _____
_____ _____
_____ _____
_____ _____
_____ _____
_____ _____
_____ _____
_____ _____
_____ _____
_____ _____

Gesamt: _____ kcal   **Gesamt:** _____ kcal

Abendessen: Snacks / Zwischenmahlzeiten:

_____ _____
_____ _____
_____ _____
_____ _____
_____ _____
_____ _____
_____ _____
_____ _____
_____ _____
_____ _____
_____ _____

Gesamt: _____ kcal   **Gesamt:** _____ kcal

Tagesziel: _____   Tagessumme: _____

Datum: _____   Wochentag: _____

Frühstück: Mittagessen:

_____   _____
_____   _____
_____   _____
_____   _____
_____   _____
_____   _____
_____   _____
_____   _____
_____   _____

Gesamt: _____ kcal   Gesamt: _____ kcal

Abendessen: Snacks / Zwischenmahlzeiten:

_____   _____
_____   _____
_____   _____
_____   _____
_____   _____
_____   _____
_____   _____
_____   _____
_____   _____

Gesamt: _____ kcal   Gesamt: _____ kcal

Tagesziel: _____ Tagessumme: _____

Datum: _____   Wochentag: _____

Frühstück: Mittagessen:

_____   _____
_____   _____
_____   _____
_____   _____
_____   _____
_____   _____
_____   _____
_____   _____
_____   _____

Gesamt: _____ kcal   Gesamt: _____ kcal

Abendessen: Snacks / Zwischenmahlzeiten:

_____   _____
_____   _____
_____   _____
_____   _____
_____   _____
_____   _____
_____   _____
_____   _____
_____   _____

Gesamt: _____ kcal   Gesamt: _____ kcal

Tagesziel: _____   Tagessumme: _____

Datum: _____   Wochentag: _____

Frühstück: Mittagessen:

_____   _____
_____   _____
_____   _____
_____   _____
_____   _____
_____   _____
_____   _____
_____   _____
_____   _____

Gesamt: _____ kcal Gesamt: _____ kcal

Abendessen: Snacks / Zwischenmahlzeiten:

_____   _____
_____   _____
_____   _____
_____   _____
_____   _____
_____   _____
_____   _____
_____   _____
_____   _____

Gesamt: _____ kcal Gesamt: _____ kcal

Tagesziel: _____   Tagessumme: _____

Datum: _____   Wochentag: _____

Frühstück: Mittagessen:

_____   _____
_____   _____
_____   _____
_____   _____
_____   _____
_____   _____
_____   _____
_____   _____
_____   _____
_____   _____

Gesamt: _____ kcal   Gesamt: _____ kcal

Abendessen: Snacks / Zwischenmahlzeiten:

_____   _____
_____   _____
_____   _____
_____   _____
_____   _____
_____   _____
_____   _____
_____   _____
_____   _____
_____   _____

Gesamt: _____ kcal   Gesamt: _____ kcal

Tagesziel: _____ Tagessumme: _____

Datum: _____   Wochentag: _____

Frühstück: Mittagessen:

_____   _____
_____   _____
_____   _____
_____   _____
_____   _____
_____   _____
_____   _____
_____   _____
_____   _____

Gesamt: _____ kcal   Gesamt: _____ kcal

Abendessen: Snacks / Zwischenmahlzeiten:

_____   _____
_____   _____
_____   _____
_____   _____
_____   _____
_____   _____
_____   _____
_____   _____
_____   _____

Gesamt: _____ kcal   Gesamt: _____ kcal

Tagesziel: _____   Tagessumme: _____

Datum: _____   Wochentag: _____

Frühstück: Mittagessen:

_____   _____
_____   _____
_____   _____
_____   _____
_____   _____
_____   _____
_____   _____
_____   _____
_____   _____
_____   _____

Gesamt: _____ kcal   Gesamt: _____ kcal

Abendessen: Snacks / Zwischenmahlzeiten:

_____   _____
_____   _____
_____   _____
_____   _____
_____   _____
_____   _____
_____   _____
_____   _____
_____   _____
_____   _____

Gesamt: _____ kcal   Gesamt: _____ kcal

Tagesziel: _____ Tagessumme: _____

Datum: _____   Wochentag: _____

Frühstück: Mittagessen:

_____   _____
_____   _____
_____   _____
_____   _____
_____   _____
_____   _____
_____   _____
_____   _____
_____   _____
_____   _____

Gesamt: _____ kcal   **Gesamt:** _____ kcal

Abendessen: Snacks / Zwischenmahlzeiten:

_____   _____
_____   _____
_____   _____
_____   _____
_____   _____
_____   _____
_____   _____
_____   _____
_____   _____
_____   _____

Gesamt: _____ kcal   **Gesamt:** _____ kcal

Tagesziel: _____   Tagessumme: _____

Datum: _____   Wochentag: _____

Frühstück: Mittagessen:

_____   _____
_____   _____
_____   _____
_____   _____
_____   _____
_____   _____
_____   _____
_____   _____
_____   _____
_____   _____

Gesamt: _____ kcal **Gesamt:** _____ kcal

Abendessen: Snacks / Zwischenmahlzeiten:

_____   _____
_____   _____
_____   _____
_____   _____
_____   _____
_____   _____
_____   _____
_____   _____
_____   _____
_____   _____

Gesamt: _____ kcal **Gesamt:** _____ kcal

Tagesziel: _____   Tagessumme: _____

Datum: _____   Wochentag: _____

Frühstück: Mittagessen:

_____   _____
_____   _____
_____   _____
_____   _____
_____   _____
_____   _____
_____   _____
_____   _____
_____   _____
_____   _____

Gesamt: _____ kcal   Gesamt: _____ kcal

Abendessen: Snacks / Zwischenmahlzeiten:

_____   _____
_____   _____
_____   _____
_____   _____
_____   _____
_____   _____
_____   _____
_____   _____
_____   _____
_____   _____

Gesamt: _____ kcal   Gesamt: _____ kcal

Tagesziel: _____   Tagessumme: _____

Datum: _____   Wochentag: _____

Frühstück: Mittagessen:

_____ _____
_____ _____
_____ _____
_____ _____
_____ _____
_____ _____
_____ _____
_____ _____
_____ _____
_____ _____

Gesamt: _____ kcal Gesamt: _____ kcal

Abendessen: Snacks / Zwischenmahlzeiten:

_____ _____
_____ _____
_____ _____
_____ _____
_____ _____
_____ _____
_____ _____
_____ _____
_____ _____
_____ _____

Gesamt: _____ kcal Gesamt: _____ kcal

Tagesziel: _____ Tagessumme: _____

Datum: _____   Wochentag: _____

Frühstück: Mittagessen:

_____   _____
_____   _____
_____   _____
_____   _____
_____   _____
_____   _____
_____   _____
_____   _____
_____   _____

Gesamt: _____ kcal   **Gesamt:** _____ kcal

Abendessen: Snacks / Zwischenmahlzeiten:

_____   _____
_____   _____
_____   _____
_____   _____
_____   _____
_____   _____
_____   _____
_____   _____
_____   _____

Gesamt: _____ kcal   **Gesamt:** _____ kcal

Tagesziel: _____   Tagessumme: _____

Datum: _____   Wochentag: _____

Frühstück: Mittagessen:

_____   _____
_____   _____
_____   _____
_____   _____
_____   _____
_____   _____
_____   _____
_____   _____
_____   _____
_____   _____

Gesamt: _____ kcal   Gesamt: _____ kcal

Abendessen: Snacks / Zwischenmahlzeiten:

_____   _____
_____   _____
_____   _____
_____   _____
_____   _____
_____   _____
_____   _____
_____   _____
_____   _____
_____   _____

Gesamt: _____ kcal   Gesamt: _____ kcal

Tagesziel: _____   Tagessumme: _____

Datum: _____ Wochentag: _____

Frühstück: Mittagessen:

_____   _____
_____   _____
_____   _____
_____   _____
_____   _____
_____   _____
_____   _____
_____   _____
_____   _____
_____   _____

Gesamt: _____ kcal   Gesamt: _____ kcal

Abendessen: Snacks / Zwischenmahlzeiten:

_____   _____
_____   _____
_____   _____
_____   _____
_____   _____
_____   _____
_____   _____
_____   _____
_____   _____
_____   _____

Gesamt: _____ kcal   Gesamt: _____ kcal

Tagesziel: _____   Tagessumme: _____

Datum: _____   Wochentag: _____

Frühstück: Mittagessen:

_____   _____
_____   _____
_____   _____
_____   _____
_____   _____
_____   _____
_____   _____
_____   _____
_____   _____
_____   _____

Gesamt: _____ kcal   Gesamt: _____ kcal

Abendessen: Snacks / Zwischenmahlzeiten:

_____   _____
_____   _____
_____   _____
_____   _____
_____   _____
_____   _____
_____   _____
_____   _____
_____   _____
_____   _____

Gesamt: _____ kcal   Gesamt: _____ kcal

Tagesziel: _____   Tagessumme: _____

Datum: _____   Wochentag: _____

Frühstück: Mittagessen:

_____ _____
_____ _____
_____ _____
_____ _____
_____ _____
_____ _____
_____ _____
_____ _____

Gesamt: _____ kcal   Gesamt: _____ kcal

Abendessen: Snacks / Zwischenmahlzeiten:

_____ _____
_____ _____
_____ _____
_____ _____
_____ _____
_____ _____
_____ _____
_____ _____

Gesamt: _____ kcal   Gesamt: _____ kcal

Tagesziel: _____   Tagessumme: _____

> In unsere Kühe kommt nur Wasser, Getreide und Gras.
>
> Renate Künast

Datum: _____   Wochentag: _____

Frühstück: Mittagessen:
_____   _____
_____   _____
_____   _____
_____   _____
_____   _____
_____   _____
_____   _____
_____   _____
_____   _____
_____   _____

Gesamt: _____ kcal   Gesamt: _____ kcal

Abendessen: Snacks / Zwischenmahlzeiten:
_____   _____
_____   _____
_____   _____
_____   _____
_____   _____
_____   _____
_____   _____
_____   _____
_____   _____
_____   _____

Gesamt: _____ kcal   Gesamt: _____ kcal

Tagesziel: _____ Tagessumme: _____

Datum: _____   Wochentag: _____

Frühstück: Mittagessen:

_____   _____
_____   _____
_____   _____
_____   _____
_____   _____
_____   _____
_____   _____
_____   _____
_____   _____
_____   _____

Gesamt: _____ kcal   Gesamt: _____ kcal

Abendessen: Snacks / Zwischenmahlzeiten:

_____   _____
_____   _____
_____   _____
_____   _____
_____   _____
_____   _____
_____   _____
_____   _____
_____   _____
_____   _____

Gesamt: _____ kcal   Gesamt: _____ kcal

Tagesziel: _____   Tagessumme: _____

Datum: _____   Wochentag: _____

Frühstück: Mittagessen:

_____   _____
_____   _____
_____   _____
_____   _____
_____   _____
_____   _____
_____   _____
_____   _____
_____   _____
_____   _____

Gesamt: _____ kcal **Gesamt:** _____ kcal

Abendessen: Snacks / Zwischenmahlzeiten:

_____   _____
_____   _____
_____   _____
_____   _____
_____   _____
_____   _____
_____   _____
_____   _____
_____   _____
_____   _____

Gesamt: _____ kcal **Gesamt:** _____ kcal

Tagesziel: _____   Tagessumme: _____

Datum: _____   Wochentag: _____

Frühstück: Mittagessen:

_____   _____
_____   _____
_____   _____
_____   _____
_____   _____
_____   _____
_____   _____
_____   _____
_____   _____

Gesamt: _____ kcal   Gesamt: _____ kcal

Abendessen: Snacks / Zwischenmahlzeiten:

_____   _____
_____   _____
_____   _____
_____   _____
_____   _____
_____   _____
_____   _____
_____   _____
_____   _____

Gesamt: _____ kcal   Gesamt: _____ kcal

Tagesziel: _____   Tagessumme: _____

Datum: _____ Wochentag: _____

Frühstück: Mittagessen:
_____   _____
_____   _____
_____   _____
_____   _____
_____   _____
_____   _____
_____   _____
_____   _____
_____   _____

Gesamt: _____ kcal   **Gesamt:** _____ kcal

Abendessen: Snacks / Zwischenmahlzeiten:
_____   _____
_____   _____
_____   _____
_____   _____
_____   _____
_____   _____
_____   _____
_____   _____
_____   _____

Gesamt: _____ kcal   **Gesamt:** _____ kcal

Tagesziel: _____ Tagessumme: _____

Datum: _____   Wochentag: _____

Frühstück: Mittagessen:

_____ _____
_____ _____
_____ _____
_____ _____
_____ _____
_____ _____
_____ _____
_____ _____
_____ _____
_____ _____

Gesamt: _____ kcal Gesamt: _____ kcal

Abendessen: Snacks / Zwischenmahlzeiten:

_____ _____
_____ _____
_____ _____
_____ _____
_____ _____
_____ _____
_____ _____
_____ _____
_____ _____
_____ _____

Gesamt: _____ kcal Gesamt: _____ kcal

Tagesziel: _____ Tagessumme: _____

Datum: _____   Wochentag: _____

Frühstück:

_____
_____
_____
_____
_____
_____
_____
_____
_____
_____

<u>Gesamt: _____ kcal</u>

Mittagessen:

_____
_____
_____
_____
_____
_____
_____
_____
_____
_____

<u>Gesamt: _____ kcal</u>

Abendessen:

_____
_____
_____
_____
_____
_____
_____
_____
_____
_____
_____

<u>Gesamt: _____ kcal</u>

Snacks / Zwischenmahlzeiten:

_____
_____
_____
_____
_____
_____
_____
_____
_____
_____
_____

<u>Gesamt: _____ kcal</u>

Tagesziel: _____   Tagessumme: _____

Datum: _____   Wochentag: _____

Frühstück: Mittagessen:

_____   _____
_____   _____
_____   _____
_____   _____
_____   _____
_____   _____
_____   _____
_____   _____
_____   _____

Gesamt: _____ kcal   Gesamt: _____ kcal

Abendessen: Snacks / Zwischenmahlzeiten:

_____   _____
_____   _____
_____   _____
_____   _____
_____   _____
_____   _____
_____   _____
_____   _____
_____   _____

Gesamt: _____ kcal   Gesamt: _____ kcal

Tagesziel: _____ Tagessumme: _____

Datum: _____   Wochentag: _____

Frühstück: Mittagessen:

_____   _____
_____   _____
_____   _____
_____   _____
_____   _____
_____   _____
_____   _____
_____   _____
_____   _____
_____   _____

Gesamt: _____ kcal   Gesamt: _____ kcal

Abendessen: Snacks / Zwischenmahlzeiten:

_____   _____
_____   _____
_____   _____
_____   _____
_____   _____
_____   _____
_____   _____
_____   _____
_____   _____
_____   _____

Gesamt: _____ kcal   Gesamt: _____ kcal

Tagesziel: _____   Tagessumme: _____

Datum: _____ Wochentag: _____

Frühstück: Mittagessen:

_____ _____
_____ _____
_____ _____
_____ _____
_____ _____
_____ _____
_____ _____
_____ _____
_____ _____

Gesamt: _____ kcal **Gesamt:** _____ kcal

Abendessen: Snacks / Zwischenmahlzeiten:

_____ _____
_____ _____
_____ _____
_____ _____
_____ _____
_____ _____
_____ _____
_____ _____
_____ _____

Gesamt: _____ kcal **Gesamt:** _____ kcal

Tagesziel: _____ Tagessumme: _____

Datum: _____   Wochentag: _____

Frühstück: Mittagessen:
_____   _____
_____   _____
_____   _____
_____   _____
_____   _____
_____   _____
_____   _____
_____   _____
_____   _____
_____   _____

Gesamt: _____ kcal   Gesamt: _____ kcal

Abendessen: Snacks / Zwischenmahlzeiten:
_____   _____
_____   _____
_____   _____
_____   _____
_____   _____
_____   _____
_____   _____
_____   _____
_____   _____
_____   _____

Gesamt: _____ kcal   Gesamt: _____ kcal

Tagesziel: _____ Tagessumme: _____

Datum: _____   Wochentag: _____

Frühstück: **Mittagessen:**

_____   _____
_____   _____
_____   _____
_____   _____
_____   _____
_____   _____
_____   _____
_____   _____
_____   _____

Gesamt: _____ kcal   **Gesamt:** _____ kcal

Abendessen: **Snacks / Zwischenmahlzeiten:**

_____   _____
_____   _____
_____   _____
_____   _____
_____   _____
_____   _____
_____   _____
_____   _____
_____   _____

Gesamt: _____ kcal   **Gesamt:** _____ kcal

Tagesziel: _____   Tagessumme: _____

Datum: _____   Wochentag: _____

Frühstück: Mittagessen:

_____   _____
_____   _____
_____   _____
_____   _____
_____   _____
_____   _____
_____   _____
_____   _____
_____   _____
_____   _____
_____   _____

Gesamt: _____ kcal   Gesamt: _____ kcal

Abendessen: Snacks / Zwischenmahlzeiten:

_____   _____
_____   _____
_____   _____
_____   _____
_____   _____
_____   _____
_____   _____
_____   _____
_____   _____
_____   _____
_____   _____

Gesamt: _____ kcal   Gesamt: _____ kcal

Tagesziel: _____   Tagessumme: _____

Datum: _____   Wochentag: _____

Frühstück: Mittagessen:

_____   _____
_____   _____
_____   _____
_____   _____
_____   _____
_____   _____
_____   _____
_____   _____
_____   _____
_____   _____

Gesamt: _____ kcal   Gesamt: _____ kcal

Abendessen: Snacks / Zwischenmahlzeiten:

_____   _____
_____   _____
_____   _____
_____   _____
_____   _____
_____   _____
_____   _____
_____   _____
_____   _____
_____   _____

Gesamt: _____ kcal   Gesamt: _____ kcal

Tagesziel: _____   Tagessumme: _____

Datum: _____   Wochentag: _____

Frühstück: Mittagessen:

_____   _____
_____   _____
_____   _____
_____   _____
_____   _____
_____   _____
_____   _____
_____   _____
_____   _____

Gesamt: _____ kcal   Gesamt: _____ kcal

Abendessen: Snacks / Zwischenmahlzeiten:

_____   _____
_____   _____
_____   _____
_____   _____
_____   _____
_____   _____
_____   _____
_____   _____
_____   _____

Gesamt: _____ kcal   Gesamt: _____ kcal

Tagesziel: _____   Tagessumme: _____

Datum: _____   Wochentag: _____

Frühstück: Mittagessen:

_____   _____
_____   _____
_____   _____
_____   _____
_____   _____
_____   _____
_____   _____
_____   _____
_____   _____

Gesamt: _____ kcal   Gesamt: _____ kcal

Abendessen: Snacks / Zwischenmahlzeiten:

_____   _____
_____   _____
_____   _____
_____   _____
_____   _____
_____   _____
_____   _____
_____   _____
_____   _____

Gesamt: _____ kcal   Gesamt: _____ kcal

Tagesziel: _____ Tagessumme: _____

Datum: _____ Wochentag: _____

Frühstück:
_____
_____
_____
_____
_____
_____
_____
_____
_____

Mittagessen:
_____
_____
_____
_____
_____
_____
_____
_____
_____

Gesamt: _____ kcal   Gesamt: _____ kcal

Abendessen:
_____
_____
_____
_____
_____
_____
_____
_____
_____

Snacks / Zwischenmahlzeiten:
_____
_____
_____
_____
_____
_____
_____
_____
_____

Gesamt: _____ kcal   Gesamt: _____ kcal

Tagesziel: _____   Tagessumme: _____

Datum: _____   Wochentag: _____

Frühstück: Mittagessen:

_____   _____
_____   _____
_____   _____
_____   _____
_____   _____
_____   _____
_____   _____
_____   _____
_____   _____
_____   _____

Gesamt: _____ kcal   Gesamt: _____ kcal

Abendessen: Snacks / Zwischenmahlzeiten:

_____   _____
_____   _____
_____   _____
_____   _____
_____   _____
_____   _____
_____   _____
_____   _____
_____   _____
_____   _____

Gesamt: _____ kcal   Gesamt: _____ kcal

Tagesziel: _____   Tagessumme: _____

Datum: _____   Wochentag: _____

Frühstück: Mittagessen:

_____ _____
_____ _____
_____ _____
_____ _____
_____ _____
_____ _____
_____ _____
_____ _____
_____ _____
_____ _____
_____ _____

Gesamt: _____ kcal   Gesamt: _____ kcal

Abendessen: Snacks / Zwischenmahlzeiten:

_____ _____
_____ _____
_____ _____
_____ _____
_____ _____
_____ _____
_____ _____
_____ _____
_____ _____
_____ _____
_____ _____

Gesamt: _____ kcal   Gesamt: _____ kcal

Tagesziel: _____ Tagessumme: _____

Datum: _____   Wochentag: _____

Frühstück: Mittagessen:

_____   _____
_____   _____
_____   _____
_____   _____
_____   _____
_____   _____
_____   _____
_____   _____
_____   _____
_____   _____
_____   _____

Gesamt: _____ kcal   Gesamt: _____ kcal

Abendessen: Snacks / Zwischenmahlzeiten:

_____   _____
_____   _____
_____   _____
_____   _____
_____   _____
_____   _____
_____   _____
_____   _____
_____   _____
_____   _____
_____   _____

Gesamt: _____ kcal   Gesamt: _____ kcal

Tagesziel: _____ Tagessumme: _____

Datum: _____   Wochentag: _____

Frühstück: Mittagessen:

_____ _____
_____ _____
_____ _____
_____ _____
_____ _____
_____ _____
_____ _____
_____ _____
_____ _____
_____ _____

Gesamt: _____ kcal   Gesamt: _____ kcal

Abendessen: Snacks / Zwischenmahlzeiten:

_____ _____
_____ _____
_____ _____
_____ _____
_____ _____
_____ _____
_____ _____
_____ _____
_____ _____
_____ _____

Gesamt: _____ kcal   Gesamt: _____ kcal

Tagesziel: _____   Tagessumme: _____

Datum: _____   Wochentag: _____

Frühstück: Mittagessen:

_____   _____
_____   _____
_____   _____
_____   _____
_____   _____
_____   _____
_____   _____
_____   _____
_____   _____
_____   _____

Gesamt: kcal **Gesamt: kcal**

Abendessen: Snacks / Zwischenmahlzeiten:

_____   _____
_____   _____
_____   _____
_____   _____
_____   _____
_____   _____
_____   _____
_____   _____
_____   _____
_____   _____

Gesamt: kcal **Gesamt: kcal**

Tagesziel: _____ Tagessumme: _____

Datum: _____   Wochentag: _____

Frühstück: Mittagessen:

_____   _____
_____   _____
_____   _____
_____   _____
_____   _____
_____   _____
_____   _____
_____   _____
_____   _____
_____   _____

Gesamt: _____ kcal   Gesamt: _____ kcal

Abendessen: Snacks / Zwischenmahlzeiten:

_____   _____
_____   _____
_____   _____
_____   _____
_____   _____
_____   _____
_____   _____
_____   _____
_____   _____
_____   _____

Gesamt: _____ kcal   Gesamt: _____ kcal

Tagesziel: _____ Tagessumme: _____

Datum: _____   Wochentag: _____

Frühstück: Mittagessen:

_____   _____
_____   _____
_____   _____
_____   _____
_____   _____
_____   _____
_____   _____
_____   _____
_____   _____

Gesamt: _____ kcal   **Gesamt:** _____ kcal

Abendessen: Snacks / Zwischenmahlzeiten:

_____   _____
_____   _____
_____   _____
_____   _____
_____   _____
_____   _____
_____   _____
_____   _____
_____   _____

Gesamt: _____ kcal   **Gesamt:** _____ kcal

Tagesziel: _____   Tagessumme: _____

Datum: _____   Wochentag: _____

Frühstück: Mittagessen:

_____   _____
_____   _____
_____   _____
_____   _____
_____   _____
_____   _____
_____   _____
_____   _____
_____   _____
_____   _____
_____   _____

Gesamt: _____ kcal   Gesamt: _____ kcal

Abendessen: Snacks / Zwischenmahlzeiten:

_____   _____
_____   _____
_____   _____
_____   _____
_____   _____
_____   _____
_____   _____
_____   _____
_____   _____
_____   _____
_____   _____

Gesamt: _____ kcal   Gesamt: _____ kcal

Tagesziel: _____ Tagessumme: _____

Datum: _____   Wochentag: _____

Frühstück: Mittagessen:

_____   _____
_____   _____
_____   _____
_____   _____
_____   _____
_____   _____
_____   _____
_____   _____
_____   _____
_____   _____

Gesamt: _____ kcal   Gesamt: _____ kcal

Abendessen: Snacks / Zwischenmahlzeiten:

_____   _____
_____   _____
_____   _____
_____   _____
_____   _____
_____   _____
_____   _____
_____   _____
_____   _____
_____   _____

Gesamt: _____ kcal   Gesamt: _____ kcal

Tagesziel: _____   Tagessumme: _____

Datum: _____   Wochentag: _____

Frühstück: Mittagessen:

_____   _____
_____   _____
_____   _____
_____   _____
_____   _____
_____   _____
_____   _____
_____   _____
_____   _____
_____   _____

Gesamt: _____ kcal Gesamt: _____ kcal

Abendessen: Snacks / Zwischenmahlzeiten:

_____   _____
_____   _____
_____   _____
_____   _____
_____   _____
_____   _____
_____   _____
_____   _____
_____   _____
_____   _____

Gesamt: _____ kcal Gesamt: _____ kcal

Tagesziel: _____ Tagessumme: _____

Datum: _____   Wochentag: _____

Frühstück: Mittagessen:

_____   _____
_____   _____
_____   _____
_____   _____
_____   _____
_____   _____
_____   _____
_____   _____
_____   _____
_____   _____

Gesamt: _____ kcal   Gesamt: _____ kcal

Abendessen: Snacks / Zwischenmahlzeiten:

_____   _____
_____   _____
_____   _____
_____   _____
_____   _____
_____   _____
_____   _____
_____   _____
_____   _____
_____   _____

Gesamt: _____ kcal   Gesamt: _____ kcal

Tagesziel: _____ Tagessumme: _____

Datum: _____ Wochentag: _____

Frühstück: Mittagessen:

_____   _____
_____   _____
_____   _____
_____   _____
_____   _____
_____   _____
_____   _____
_____   _____
_____   _____
_____   _____

Gesamt: _____ kcal Gesamt: _____ kcal

Abendessen: Snacks / Zwischenmahlzeiten:

_____   _____
_____   _____
_____   _____
_____   _____
_____   _____
_____   _____
_____   _____
_____   _____
_____   _____
_____   _____

Gesamt: _____ kcal Gesamt: _____ kcal

Tagesziel: _____ Tagessumme: _____

Datum: _____ Wochentag: _____

Frühstück: Mittagessen:

_____ _____
_____ _____
_____ _____
_____ _____
_____ _____
_____ _____
_____ _____
_____ _____
_____ _____

Gesamt: _____ kcal Gesamt: _____ kcal

Abendessen: Snacks / Zwischenmahlzeiten:

_____ _____
_____ _____
_____ _____
_____ _____
_____ _____
_____ _____
_____ _____
_____ _____
_____ _____

Gesamt: _____ kcal Gesamt: _____ kcal

Tagesziel: _____ Tagessumme: _____

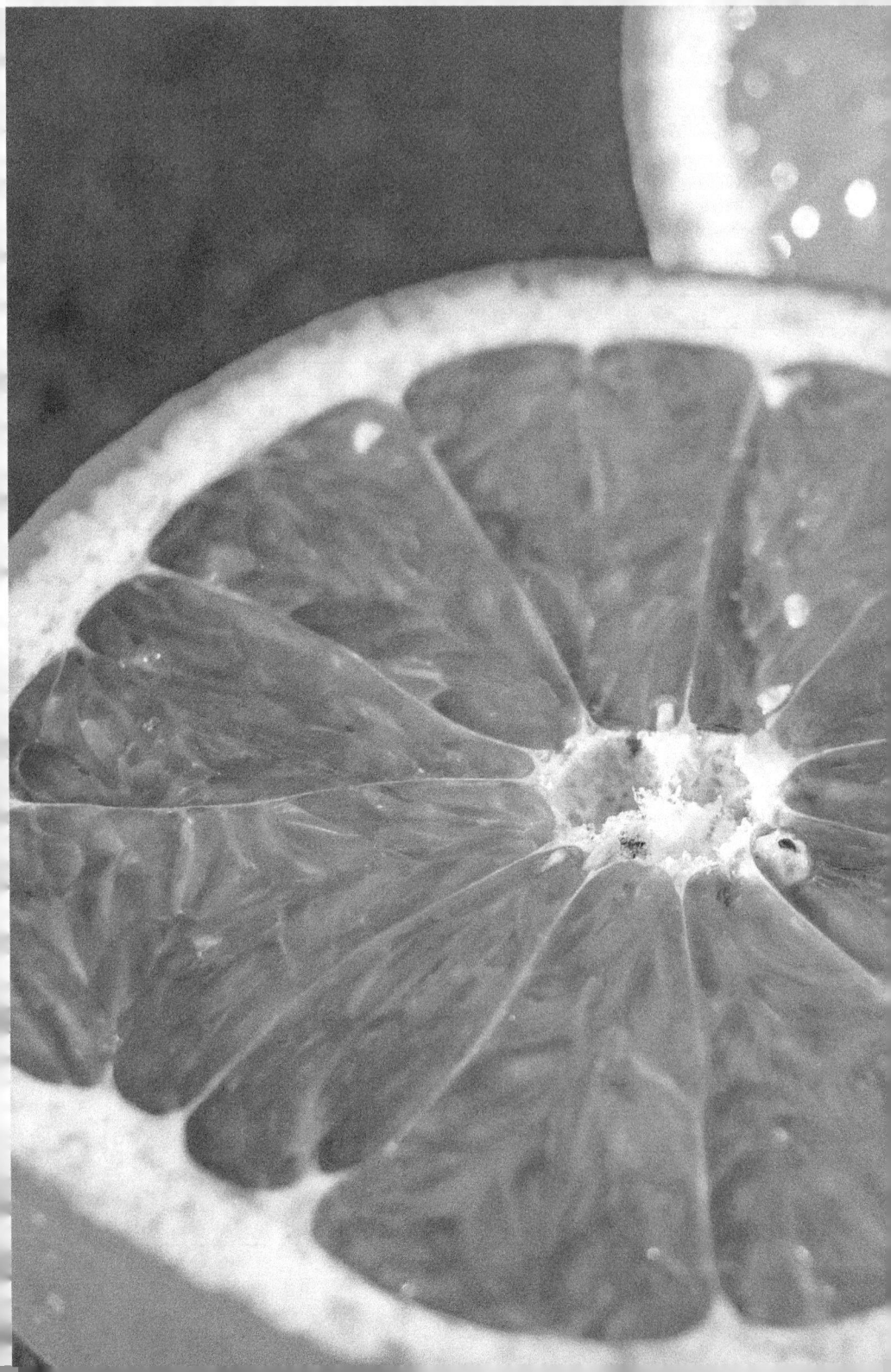

Wenn sie kein Brot haben, sollen sie doch Kuchen essen.

Königin Marie Antoinette

Meine Lieblingsrezepte

Zutaten:

Zubereitung:

Gesamt: _____ kcal

Fazit:

Meine Lieblingsrezepte

Zutaten:

Zubereitung:

Gesamt: kcal

Fazit:

Meine Lieblingsrezepte

Zutaten:

Zubereitung:

Gesamt: kcal

Fazit:

Meine Lieblingsrezepte

Zutaten:

Zubereitung:

Gesamt: kcal

Fazit:

Meine Lieblingsrezepte

Zutaten:

Zubereitung:

Gesamt: kcal

Fazit:

Meine Lieblingsrezepte

Zutaten:

Zubereitung:

Gesamt: kcal

Fazit:

Meine Lieblingsrezepte

Zutaten:

Zubereitung:

Gesamt: kcal

Fazit:

Meine Lieblingsrezepte

Zutaten:

Zubereitung:

Gesamt: kcal

Fazit:

Meine Lieblingsrezepte

Zutaten:

Zubereitung:

Gesamt: kcal

Fazit:

Meine Lieblingsrezepte

Zutaten:

Zubereitung:

Gesamt: kcal

Fazit:

Meine Lieblingsrezepte

Zutaten:

Zubereitung:

Gesamt: _____ kcal

Fazit:

Meine Lieblingsrezepte

Zutaten:

Zubereitung:

Gesamt: kcal

Fazit:

Meine Lieblingsrezepte

Zutaten:

Zubereitung:

Gesamt: _____ **kcal**

Fazit:

Meine Lieblingsrezepte

Zutaten:

Zubereitung:

Gesamt: kcal

Fazit:

Meine Lieblingsrezepte

Zutaten:

Zubereitung:

Gesamt: kcal

Fazit:

Meine Lieblingsrezepte

Zutaten:

Zubereitung:

Gesamt: kcal

Fazit:

Meine Lieblingsrezepte

Zutaten:

Zubereitung:

Gesamt: kcal

Fazit:

Meine Lieblingsrezepte

Zutaten:

Zubereitung:

Gesamt: kcal

Fazit:

> Wer nicht jeden Tag etwas Zeit für seine Gesundheit aufbringt, muss eines Tages sehr viel Zeit für die Krankheit opfern.
>
> Sebastian Kneipp

Gericht (pro 100g wenn nicht anders angegeben)	Energiedichte	Kilokalorien	Kilojoule	Eiweiss / Gramm	Fett / Gramm	Kohlehydrate / Gramm
Alaska Seelachs	0,7	74	310	17	1	0
Alkoholfreies Bier	0,3	25	105	0	0	5
Ananas	0,6	59	246	1	0	13
Apfel, getrocknet	2,8	278	1165	2	2	61
Apfel	0,5	54	226	0	1	11
Apfelsaft	0,5	50	207	0	0	11
Apfelschorle	0,3	25	103	0	0	5
Apfelsine (Orange)	0,5	47	197	1	0	9
Apfeltasche, 70 g	3,1	217	908	2	14	21
Appenzeller, 1 Portion, 30 g	3,9	116	485	8	9	0
Aprikosen, getrocknet	2,5	250	1044	5	1	51
Aprikosen	0,4	42	177	1	0	9
Aprikosenmarmelade, 1 Tl, 10 g	2,5	25	104	0	0	6
Artischocke, Konserve, 30 g	0,1	6	24	1	0	1
Aubergine	0,2	17	72	1	0	3
Avocado	2,2	217	909	2	24	0
Avocadocreme (Guacamole)	1,3	125	535	1,5	10	3
Babybel, mini, rot, 20 g	3	61	252	4	5	0
Backfisch-Baguette, Nordsee, 1 Portion, 169 g	2,6	444	1865	17	19	52
Bagel, unbelegt, 1 Stück, 70 g	2,3	161	674	5	2	31
Baguettebrot, 1 Portion, 30 g	2,5	74	311	2	0	15
Balisto Korn-Mix, 1 Riegel, 41 g	5	205	861	3	10	25
Banane	1	95	398	1	0	21
Bananenchips	2,9	291	1216	4	1	65
Barsch	0,8	82	342	18	1	0
Bayerische Creme, 125 g	2,1	257	1074	4	21	14
Berliner, 60 g	3,2	194	810	5	8	26
Bier mit Limonade/Cola	0,5	45	188	0	0	7
Big King, Burger King, 1 Stück, 210 g	2,8	579	2422	30	38	30
Big Mac, McDonald's, 1 Stück, 220 g	2,3	497	2082	27	25	40
Birne	0,6	55	230	0	0	12
Bitterschokolade, 1 Portion, 20 g	5	99	416	1	7	9
Blattsalat, gemischt ohne Dressing	0,1	14	58	1	0	1
Bohnen, grüne	0,3	25	106	2	0	3
Bratapfel, 230 g	1	223	931	2	5	41

Brathering, 1 Portion, 125 g	2	255	1067	21	19	0
Bratkartoffeln, 1 Portion, 200 g	1,3	266	1111	4	14	30
Brokkoli	0,3	26	110	3	0	3
Brownie, 45 g	4,1	185	774	3	8	26
Bruschetta con Pomodori, 1 Portion, 8 Stück, 160 g	1	168	705	1	15	7
Brötchen, normal, 1 Stück, 45 g	2,5	112	467	3	1	23
Bulgur	3,3	325	1361	9	1	69
Butter, halbfett	3,8	383	1601	4	40	0
Butter	7,4	741	3101	1	83	0
Butterkeks, 5 g	4,8	24	100	1	1	3
Buttermilch, 100 ml	0,4	36	150	3	1	4
Caesar's Salad, 1 Portion, 300 g	2,2	668	2792	12	54	34
Caffè Latte Zero, Emmi, 1 Becher, 230 ml	0,5	115	481	7	5	12
Camembert, 70 % Fett i. Tr., 1 Portion, 30 g	4,1	122	512	4	12	0
Cappuccino, 1 Tasse, 150 ml	0,3	41	171	1	0	8
Capri, 58 g	0,9	52	222	0	0	13
Cashewkerne, ungesalzen	5,5	553	2314	18	44	30
Champignons	0,2	16	67	4	0	1
Cheeseburger, 1 Stück, 125 g	2,7	343	1436	17	32	17
Chili con Carne, 1 Portion, 250 g	0,9	225	945	10	7	30
Chirorée	0,2	17	72	1	0	2
Clementinen	0,5	46	192	1	0	9
Coca-Cola	0,4	42	180	0	0	11
Coca-Cola light oder zero	0	0	0	0	0	0
Cordon Bleu, 1 Portion, 185 g	2,4	437	1827	45	24	9
Cornflakes, 1 Portion, 30 g	3,6	107	446	2	0	24
Cornichons: 1 Cornichon, 15 g	0,4	2	10	0	0	0
Couscous instant	3,5	345	1467	12	1	74
Cranberrys, getrocknet	3,1	308	1289	0	1	82
Cranberrysaft	0,5	51	213	0	0	12
Cremefine zum Kochen, Rama	1,6	159	655	2	15	4
Croissant, 65 g	5,1	330	1382	5	22	29
Crème Caramel, 156 g	2,1	328	1375	7	18	34
Crème fraîche, 40 % Fett	3,7	373	1560	2	40	2
Crêpe mit Zucker, 125 g	2	245	1026	7	7	37
Currywurst, Pommes Frites, Mayo und Ketchup, 1 Portion, 400 g	2,8	1132	4735	25	83	72

Datteln, getrocknet	2,9	285	1194	2	1	66
Datteln im Speckmantel: 1 Dattel, 13 g	2,9	40	166	1	2	4
Dinkelmehl (Type 630)	3,3	333	1393	12	1	69
Diätmargarine	7,2	722	3021	0	80	0
Donut, 75 g	3,4	258	1080	5	11	35
Dorade (Goldbrasse)	1,4	138	577	19	7	0
Döner, 1 Stück, 500 g	1,6	787	3294	53	26	83
Eiersalat	1,4	135	564	7	9	7
Eigelb	3,5	349	1459	16	32	0
Eisbergsalat	0,1	13	55	1	0	2
Eiskaffee mit Sahne, 1 Glas, 200 g	0,9	182	761	3	13	16
Eistee	0,3	31	129	0	0	7
Eiweiss	0,5	47	197	11	0	1
Entenbrust	1,2	121	506	20	5	0
Erbsen	0,8	82	342	7	1	12
Erbsensuppe mit Speck, 1 Portion, 400 g	0,7	285	1193	15	11	31
Erdbeeren	0,3	32	134	1	0	6
Erdbeerkonfitüre, 1 Tl, 10 g	2,6	26	107	0	0	6
Erdnussbutter, 1 Tl, 10 g	5,9	59	246	3	5	2
Erdnussflips, 40 g	5,3	212	886	4	14	18
Erdnüsse, geröstet und gesalzen	5,9	585	2448	26	49	9
Espresso ohne Zucker, 1 Tasse, 30 ml	0	1	3	0	0	0
Express Naturreis mit Gemüse, Uncle Ben's, 1 Portion, 250 g	1,7	430	1808	10	13	68
Falafel, 1 Stück, 500 g	1,5	762	3189	26	20	117
Farmersalat	2,4	242	1011	1	24	6
Feigen, frisch	0,6	63	264	1	1	13
Feigen, getrocknet	2,8	284	1190	6	2	58
Feldsalat	0,1	14	60	2	0	1
Fenchel	0,2	19	79	1	0	3
Feta, 45 % Fett i. Tr., 1 Portion, 30 g	2,4	71	297	5	6	0
Fischfrikadelle, paniert, gebraten, 80 g	2	163	681	10	11	7
Fischfrikadelle im Brötchen, 1 Stück, 145 g	2	293	1227	15	9	37
Fish & chips, mit 4 Stück Backfisch, Nordsee, 1 Portion, 260 g	2	508	2134	15	18	72
Fladenbrot, 1 Stück, 40 g	2,4	94	394	3	1	19
Flammkuchen mit Zwiebeln und Speck, 1 Portion, 90 g	2	178	747	5	8	22

Fleischsalat	3,1	319	1334	13	30	0
Forelle	1	103	431	20	3	0
Frikadelle, 1 Stück, 125 g	2,5	312	1305	25	20	9
Frischkäse, 20 % Fett i. Tr., 1 El, 30 g	1	31	132	3	2	1
Frischkäse, Doppelrahmstufe, 20 % Fett i. Tr.	3,4	102	426	3	10	1
Fruchteis, 1 Kugel, 65 g	1,9	125	522	2	5	18
Fruchtjoghurt, 1,5 % Fett, 1 Portion, 150 g	0,8	124	519	4	2	21
Fruchtmolke, 1 Portion, 200 ml	0,7	130	546	1	0	30
Fruchtschorle	0,3	26	110	0	0	6
Frucht Zwerge, weniger süss, 1 Portion, 50 g	1,1	54	221	3	2	6
Früchtemüsli, 1 Portion, 50 g	3,4	170	711	5	3	30
Frühlingsquark, Milram, 10 % Fett absolut	1,5	145	607	9	10	5
Frühlingsrolle, 1 Stück, 150 g	1,6	233	973	14	8	26
Garnelen, Nordseekrabben	0,9	87	364	19	1	0
Garnelen-Box, Nordsee, 1 Portion, 183 g	3,2	582	2444	20	33	52
Geflügelmortadella, 1 Scheibe, 25 g	1,7	44	182	5	2	0
Geflügelsalat	0,9	91	379	11	3	4
Gefüllte Paprika mit Hack, 1 Stück, 250 g	1	247	1033	20	12	16
Gelee, 1 Tl, 10 g	2,8	28	117	0	0	7
Gemüsecremesuppe, 1 Portion, 250 g	0,6	157	655	1	14	6
Gemüselasagne, 1 Portion, 400 g	1,7	695	2906	25	45	47
Gnocchi, gegart, 1 Portion, 200 g	1,3	256	1071	10	4	42
Gorgonzola, 55 % Fett i. Tr., 1 Portion, 30 g	3,6	107	448	6	9	0
Gouda, 48 % Fett i. Tr., 1 Portion, 30 g	3,7	110	458	8	9	0
Goulasch mit Sosse, 1 Portion, 250 g	1,1	276	1156	32	15	3
Grapefruit	0,5	50	209	1	0	9
Griessbrei, 200 g	1,2	244	1022	3	3	20
Gyros, 1 Portion, 200 g	2,9	290	1214	36	11	9
Gänsekeule	1,6	157	657	22	8	0
Götterspeise, 125 g	0,6	72	303	2	0	16
Haferflocken	3,7	370	1548	13	7	63
Haferkeks, 10 g	4,2	42	175	1	2	5
Hamburger Royal, McDonald's 1 Stück, 165 g	2,5	505	2120	32	27	34
Haselnüsse	6,4	636	2662	12	62	11
Heidelbeeren	0,4	36	151	1	1	6
Hering	2,3	233	975	18	18	0
Heringssalat mit roter Bete	2,5	251	1051	4	24	5

Himbeeren	0,3	34	142	1	0	5
Hirse	3,5	354	1481	10	4	69
Honig, 1 Tl, 10 g	3,1	31	128	0	0	8
Honigmelone	0,5	54	226	1	0	12
Hotdog, 1 Stück, 200 g	2,4	490	2049	17	32	34
Hähnchenbrust ohne Haut und Knochen	1	102	426	24	1	0
Hähnchenschenkel mit Haut, ohne Knochen	1,7	173	723	18	11	0
Hähnchenschnitzel, paniert, gebraten, 1 Stück, 205 g	1,9	309	1294	37	13	11
Hühnerei	1,5	154	646	13	11	1
Hühnerfrikassee, 1 Portion, 125 g	1,2	304	1270	26	17	12
Hüttenkäse, 1 El, 30 g	1	31	128	4	1	1
Jakobsmuscheln	0,9	88	368	17	1	2
Joghurt, natur, 1,5 % Fett	0,5	46	193	3	2	4
Joghurt, natur, 3,5 % Fett	0,7	66	275	3	4	4
Joghurtdressing	1	97	406	3	7	5
Kaffee mit Milch, 1 Tasse, 150 ml	0,1	13	53	1	1	1
Kaffeesahne, 10 % Fett	1,2	117	491	3	10	4
Kaffee schwarz, 1 Tasse, 150 ml	0	3	14	0	0	0
Kakaotrunk, mit Vollmilch, 1 Portion, 200 ml	0,8	157	659	7	7	16
Kalbssteak, mager	1,1	113	471	21	3	0
Kartoffelchips, 40 g	5,4	214	897	2	16	16
Kartoffelecken, frittiert	2,8	283	1184	4	15	34
Kartoffelgratin, 1 Portion, 200 g	1,5	302	1264	5	21	23
Kartoffelknödel	1,1	108	451	3	1	22
Kartoffeln, gekocht	0,7	69	287	2	0	14
Kartoffelpüree, mit Milch und Butter	0,9	91	380	3	3	12
Kartoffelpüree, Pulver	3,3	329	1375	9	1	71
Kartoffelsalat mit Mayonnaise	1,5	154	646	3	11	11
Kartoffelsalat mit Vinaigrette	1,2	123	513	2	7	12
Kartoffelsuppe mit Würstchen, 1 Portion, 250 g	0,6	156	650	8	2	14
Kasseler-Aufschnitt, 1 Scheibe, 25 g	1,5	38	158	5	2	0
Kinder Riegel, 21 g	5,5	116	486	2	7	11
Kirschen, getrocknet	3,4	340	1428	3	0	78
Kirschen, süss	0,6	63	265	1	0	13
KitKat Riegel, 45 g	5,1	228	956	3	12	28
Kiwi	0,6	61	255	1	1	11

Knoblauchbaguette, 1 Portion, 60 g	3,1	186	779	4	8	25
Knoppers, 25 g	5,3	132	551	2	8	13
Kochschinken, 1 Scheibe, 30 g	1,3	38	157	7	1	0
Kochschinkenbrötchen, halbes, 70 g	2,8	194	815	7	9	20
Kohlrabi	0,3	25	103	2	0	4
Krabbenbrötchen, 1 ganzes, 130 g	2,4	311	1302	15	17	25
Krabbensalat	1,6	163	681	9	12	6
Kroketten, frittiert	2,1	214	895	4	13	22
Kräcker, 1 Stück, 5 g	3,8	19	79	1	0	4
Kräuter gehackt	0,6	55	232	4	1	8
Käsekuchen, 1 Stück, 140 g	1,9	273	1141	15	6	33
Käsespätzle, 1 Portion, 250 g	2,5	624	2610	28	30	60
Käsestangen aus Blätterteig, 40 g	5,3	211	882	4	15	14
Kürbis	0,3	25	105	1	0	5
Kürbiskerne	5,6	560	2344	24	46	14
Lachs	2	202	845	20	14	0
Lachsschinken, 1 Scheibe, 15 g	1,2	17	73	3	1	0
Lakritze, 1 Portion, 50 g	3,8	188	786	2	0	43
Lamacun, 1 Stück, 415 g	1,3	526	2202	16	24	61
Lammfilet	1,2	117	490	21	4	0
Lammkeule	1,3	134	561	21	5	0
Lasagne mit Hackfleisch, 1 Portion, 400 g	2,1	842	3521	36	57	47
Laugenstange, 85 g	2,3	192	804	6	2	39
Leberkäse, 1 Scheibe, 150 g	2,9	441	1845	18	41	0
Leberwurst, 1 Portion, 30 g	3,5	106	444	4	10	0
Lebkuchen, 40 g	4,1	165	691	4	8	20
Linsensuppe mit Speck, 400 g	0,9	340	1423	4	3	10
Magnum Classic, 86 g	3	261	1089	3	16	25
Makrele	1,8	182	763	19	12	0
Makrone, 10 g	4,5	45	188	1	2	5
Malzbier	0,4	41	172	0	0	10
Mandarinen	0,5	50	210	1	0	10
Mandeln	5,7	570	2383	19	54	4
Mango-Chutney	1,7	175	570	2	0	31
Mango	0,6	60	252	1	0	13
Margarine	7,2	722	3021	0	80	0
Mars, 1 Riegel, 54 g	4,6	246	1032	2	10	38

Marzipan, 1 Stück, 10 g	4,6	46	192	1	2	7
Mayonnaise, 80 % Fett	7,4	744	3112	2	83	2
McFlurry Smarties, McDonald's, 1 Portion, 200 g	1,8	360	1513	8	14	51
Miesmuscheln	0,7	69	289	11	2	2
Milch, 1,5 % Fett, 1 Portion, 100 ml	0,5	49	203	3	2	5
Milch, 3,5 % Fett, 1 Portion, 100 ml	0,6	64	269	3	4	5
Milch, laktosefrei, 3,8 % Fett, 1 Portion, 100 ml	0,7	67	280	3	4	5
Milch-Schnitte, 28 g	4,1	116	483	2	8	9
Milchbrötchen mit Rosinen, 45 g	2,8	126	526	3	4	20
Milchkaffee/Latte Macchiato, 200 ml	0,3	66	278	4	4	5
Milchreis mit Zimt und Zucker, 200 g	1,7	338	1413	7	10	55
Mousse au Chocolat, 90 g	3,1	275	1150	6	23	12
Mozzarella, 40 % Fett i. Tr., 1/4 Kugel, 30 g	2,5	76	320	6	6	0
Muffin, 45 g	3,3	147	615	3	6	21
Möhren	0,3	26	108	1	0	5
Naturreis, gegart	1,1	112	469	3	1	23
Naturreis, roh	3,5	350	1463	7	2	74
Nogger, 67 g	3,1	208	871	2	14	18
Nudeln (hartweizen), gegart	1,5	150	626	5	1	30
Nudeln (hartweizen), roh	3,5	348	1455	13	1	70
Nudeln (mit Ei), gegart	1,3	126	527	4	1	24
Nudeln (mit Ei), roh	3,5	352	1474	12	3	68
Nuss-Nougat-Creme, 1 Tl, 10 g	5,2	52	218	0	3	6
Nussplätzchen, 10 g	4,7	47	195	1	3	5
Obstkuchen, 1 Stück, 150 g	2,7	406	1700	6	18	54
Obstsalat	1	104	436	1	0	24
Oliven, eingelegt, grün: 1 Olive, 5 g	1,5	7	30	0	1	0
Olivenöl	9	900	3766	0	100	0
Orange-Banane-Karotte, Knorr vie	0,8	75	310	1,5	0	15
Orangen-/Zitronenlimonade	0,4	42	174	0	0	10
Orangenmarmelade, 1 Tl, 10 g	2,7	27	114	0	0	7
Orangensaft	0,4	42	176	1	0	9
Paniermehl	3,6	358	1499	10	2	74
Papaya	0,3	32	134	1	0	7
Paprika, rot	0,4	37	154	1	1	6
Parmesan, gerieben, 1 El, 8 g	3,8	30	126	3	2	0

Parmesan, gerieben, 1 Tl, 3 g	3,8	11	47	1	1	0
Penne all' Arrabiata, 1 Portion, 600 g	1	670	2800	24	23	90
Pesto mit Basilikum	5,6	564	2361	12	56	5
Pesto mit Tomate	4,5	450	1882	12	43	6
Pfannkuchen ohne Füllung/Belag, 1 Pfannkuchen, 230 g	1,7	388	1622	15	18	41
Pfirsich/Nektarine	0,4	41	170	1	0	9
Pflaumen, getrocknet	2,6	261	1092	3	1	57
Pflaumen	0,5	47	197	1	0	10
Pflaumenmus, 1 Tl, 10 g	2	20	85	0	0	5
Pinienkerne	5,8	576	2408	24	51	7
Pita Brot, 1 Stück, 50 g	2,2	112	470	4	1	23
Pizzabaguette mit Pilzen, 1 Stück, 135 g	2	277	1157	15	11	28
Pizzabaguette Salami, 1 Stück 135 g	2,8	374	1563	18	19	33
Pizza Funghi, 1 Stück, 350 g	2,3	804	3364	11	9	26
Pizza Margherita, 1 Stück, 350 g	2,5	868	3633	37	33	101
Pizza Salami, 1 Stück, 350 g	2,6	921	3854	41	42	92
Pizza Spinat, 1 Stück, 350 g	2,3	792	3313	35	30	92
Pommes aus dem Ofen	1,6	157	657	3	5	26
Pommes Frites a. d. Friteuse, 1 Port., 150 g	3,2	474	1984	5	25	58
Popcorn (süss), 1 Portion, 40 g	3,9	155	648	5	2	31
Porridge, 1 Portion, 250 g	1,3	323	1350	7	13	44
Pringles Original, 25 g	5,4	135	562	1	9	12
Putenbrust	1,1	107	446	24	1	0
Quark, 20 % Fett i. Tr., 1 El, 30 g	1,1	33	137	4	2	1
Quark, 40 % Fett i. Tr., 1 El, 30 g	1,6	48	200	3	3	1
Quark, Magerstufe, 1 El, 30 g	0,7	21	89	4	0	1
Quarkspeise mit Früchten, 200 g	1,1	225	942	10	5	35
Quiche Lorraine, 1 Stück, 90 g	3,3	295	1232	9	22	16
Radicchio	0,1	14	57	1	0	2
Radieschen	0,2	15	61	1	0	2
Ravioli mit Hackfleisch, 1 Portion, 250 g	2,6	645	2697	35	28	63
Red Bull	0,5	45	188	0	0	11
Rehkeule	1	97	406	21	1	0
Reis geschält, gegart	0,9	93	389	2	0	21
Reis geschält, roh	3,5	349	1460	7	1	78
Remoulade, 65 % Fett	6,4	641	2682	1	65	15
Ricottakäse, 20 % Fett i. Tr., 1 El, 30 g	1,7	52	218	3	5	0

Rinderfilet	1,2	121	508	21	4	0
Rinderhack	2	202	846	20	14	0
Rinderleber	1,3	131	548	19	4	5
Rinderschmorbraten, 1 Portion, 650 g	1	630	2630	48	39	5
Rindersteak	1,3	126	527	22	4	0
Risotto, vegetarisch, 1 Portion, 250 g	1	262	1096	5	10	38
Roastbeef	1,3	131	546	23	4	0
Roggenmehl (Type 815)	3,2	324	1355	6	1	71
Roggenmischbrot, 1 Scheibe, 45 g	2,1	95	396	3	0	20
Rohkost	0,2	18	76	1	0	3
Rollmops, 1 Portion, 125 g	2	254	1062	20	19	1
Rosenkohl	0,4	36	151	4	0	3
Rosinen, getrocknet	3	298	1247	3	1	66
Rotbarsch	1,1	108	450	19	4	0
Rote Bete	0,4	42	175	2	0	8
Rote Grütze, 125 g	1,3	157	658	1	0	36
Rucola	0,3	25	105	3	1	2
Sahne, 30 % Fett	2,9	289	1207	3	30	3
Salami, 1 Scheibe, 15 g	4	60	252	3	5	0
Salatcreme, 9 % Fett	1,2	120	500	1	9	8
Salatgurke	0,1	12	51	1	0	2
Salatmayonnaise, 50 % Fett	4,8	482	2018	1	52	5
Salzstangen, 10 Stück, 15 g	3,5	52	218	1	0	11
saure Sahne, 10 % Fett	1,2	117	488	3	10	3
Schoko-Reiswaffeln, 1 Stück, 17 g	4,6	79	330	1	3	12
Schokoladeneis, 1 Kugel, 65 g	2,2	140	587	2	7	18
Schokoladenpudding, 125 g	1,3	158	662	4	4	26
Schokomüsli mit Milch (3,5 % Fett), 250 g	4,5	324	1354	12	13	40
Scholle	0,9	90	375	18	2	0
Schweinefilet	1,1	105	439	22	2	0
Schweinekotelett	1,3	133	558	22	5	0
Schweineschnitzel	1,1	106	444	22	2	0
Schwertfisch	1,2	117	490	19	4	0
Seehecht	0,9	92	386	17	3	0
Seelachsfilet, paniert, gebraten, 1 Portion, 175 g	1,7	296	1238	32	14	10
Sekt	0,8	80	335	0	0	2
Senf, mittelscharf	0,9	87	362	6	4	6

Smacks, Kellogg's, 1 Portion, 30 g	3,7	112	476	2	1	25
Smoothie, Heidelbeere, Banane, Alnatura	0,6	55	232	1	0	13
Smoothie, Special guest, Innocent	0,6	58	247	1	0	14
Soja- / Sonnenblumen- / Sesam- / Rapsöl	9	900	3766	0	100	0
Soja-Würstchen	3,1	313	1310	13	27	4
Sojadrink, ohne Zucker und Salz, 1 Portion, 100 ml	0,4	35	147	4	2	0
Sojafleisch, 1 Portion mit Sosse, 150 g	1,9	288	1203	22	22	2
Sojasosse	0,7	70	294	9	0	8
Sojasprossen	0,5	52	217	5	1	5
Sonnenblumenkerne	5,7	575	2405	23	49	12
Sorbet, 1 Kugel, 65 g	1,3	86	358	1	1	18
Sour Cream	1,4	139	582	9	10	4
Spaghetti Bolognese, 1 Portion, 350 g	1,5	531	2220	31	22	51
Spaghetti Carbonara, 1 Portion, 350 g	1,9	655	2742	30	28	72
Spaghetti mit Sahnesosse, 1 Portion, 350 g	1,9	655	2742	30	28	72
Spareribs mit Barbecue-Sosse, 1 Portion, 360 g	2	738	1600	36	22	78
Spargel	0,2	18	75	2	0	2
Spargelcremesuppe, 1 Portion, 250 g	0,6	143	597	4	11	7
Spinat	0,2	17	71	3	0	1
Sprite	0,4	37	159	0	0	9
Staudensellerie	0,2	17	70	1	0	2
Streuselschnecke, 100 g	3,4	336	1407	7	13	4
Studentenfutter	4,8	484	2023	10	33	35
Suppenhuhn	2,6	257	1074	19	20	0
Tee schwarz/grün,1 Tasse, 150 ml	0	1	3	0	0	0
Thai-Kokossuppe, 1 Portion, 390 g	0,4	163	672	8	13	8
Tintenfisch	0,7	73	305	16	1	0
Tintenfischringe, frittiert, 1 Portion, 125 g	2,6	325	1361	18	23	12
Tiramisu, 125 g	3,1	391	1636	8	27	28
Toastbrot, 1 Scheibe, 30 g	2,5	76	318	2	1	14
Toast mit Schinken und Käse, 1 Portion, 95 g	2,7	256	1073	15	15	15
Tofu	0,9	85	356	8	5	2
Tomate-Mozzarella-Salat, 1 Portion, ohne Brot, 260 g	1,3	339	1400	12	30	5
Tomaten	0,2	17	73	1	0	3
Tomatenketchup	1,1	110	460	2	0	24

Tomatenmark	0,7	74	309	5	0	13
Tomatensaft	0,1	6	24	0	0	1
Tomatensuppe, 1 Portion, 250 g	0,4	97	404	1	3	2
Tortellini mit Ricotta, 1 Portion, 250 g	2,1	536	2244	26	23	56
Tsatsiki	0,6	58	242	4	3	4
Tunfisch	1,4	144	602	23	5	0
Vanillemilch aus Vollmilch, 1 Portion, 200 ml	0,8	166	695	6	7	20
Vanillepudding, 125 g	1,3	158	662	4	4	26
Vinaigrette	5,9	594	2486	1	66	1
Vollkornbrot mit Sonnenblumenkernen, 1 Scheibe, 40 g	2	82	341	3	1	15
Vollkornbrötchen, 1 Stück, 65 g	2,2	144	603	5	1	28
Vollkornknäckebrot, 1 Scheibe, 10 g	3,4	34	140	1	0	7
Vollkornknäckebrot, ballaststoffreich, 1 Scheibe, 14 g	3,4	48	201	1	0	10
Vollkornknäckebrot, rund, 12 g	3,6	43	180	1,5	0	9
Vollkorntoast, 1 Scheibe, 30 g	2,4	71	299	2	1	14
Vollmilchschokolade, 1 Portion, 20 g	5,4	107	449	2	6	11
Waffelkeks, 10 g	5,5	55	232	1	4	4
Walnüsse	6,5	654	2738	14	63	11
Wassermelone	0,4	38	160	1	0	8
Weichkäse, 12 % Fett i. Tr., 1 Stück, 30 g	1,8	57	239	6	4	1
Wein, rosé	0,8	75	314	0	0	3
Wein, rot	0,9	85	356	0	0	2
Wein, weiss	0,8	75	314	0	0	3
Weingummi, 1 Portion, 50 g	3,3	164	686	3	0	38
Weinschorle, weiss	0,4	37	155	0	0	0
Weintrauben	0,7	71	297	1	0	16
Weizenbier	0,4	40	167	0	0	4
Weizengriess	3,3	326	1363	10	1	69
Weizenmehl (Type 405)	3,4	337	1409	10	1	71
Weizenstärke	3,5	351	1470	0	0	86
Weisskohl	0,3	25	105	1	0	4
Weisskohlsalat	0,4	38	159	2	1	5
Wiener Würstchen, 1 Portion, 70 g	2,6	184	770	9	16	0
Wrap mit Hähnchenfleisch, 200 g	1,3	251	1049	14	11	23
Zander	0,8	83	347	19	1	0
Ziegenfrischkäse, 1 Portion, 30 g	1,6	50	209	3	4	1

Ziegenkäse auf Salat, 1 Portion, 170 g	2	352	1477	15	32	1
Ziegenschnittkäse, 1 Portion, 30 g	3,6	107	446	8	8	
Zucchini	0,2	20	84	2	0	2
Zwiebelkuchen, 1 Portion, 90 g	1,9	171	716	7	10	13
Zwiebeln	0,3	27	113	1	0	5
Zwiebli Ringe, Funny-Frisch, 25 g	5,1	127	531	2	7	14

An apple a day keeps the doctor away.

Aus England

Wir bedanken uns herzlich bei allen Beteiligten für die Mitarbeit an diesem Projekt und wünschen viel Spass mit den täglichen Mahlzeiten, dem Kochen und Geniessen. In unserem Verlagsprogramm «way2live» sind weitere Lifestyle-Tagebücher in Planung und in Überarbeitung. Bleiben Sie als Abonnent unserer Facebook-Seite stets auf dem neuesten Stand.

way2live
verlag

www.ingramcontent.com/pod-product-compliance
Lightning Source LLC
Chambersburg PA
CBHW070232240426
43673CB00044B/1758